FERRET - 1971

ÉTUDES

SUR

L'ANCIEN DROIT EN BOURGOGNE

D'APRÈS LES PROTOCOLES DES NOTAIRES

(QUATORZIÈME ET QUINZIÈME SIÈCLES)

PAR

J. SIMONNET

CONSEILLER A LA COUR D'APPEL DE DIJON
DOCTEUR EN DROIT

PARIS

AUGUSTE DURAND ET PEDONE LAURIEL

LIBRAIRES DE LA BIBLIOTHÈQUE DE LA COUR D'APPEL ET DE L'ORDRE DES AVOCATS

9, RUE CUJAS (ANCIENNE RUE DES GRÈS)

1873

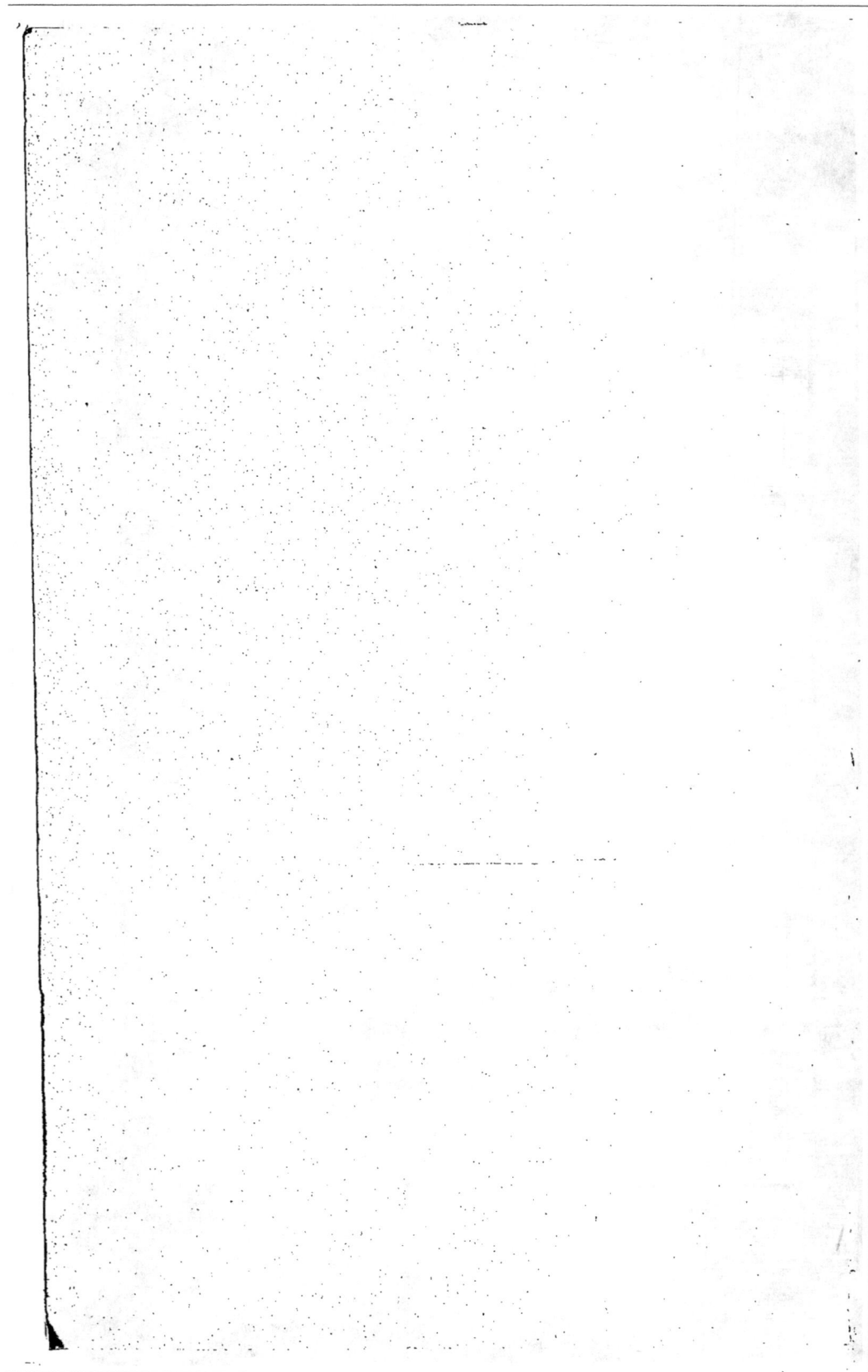

ÉTUDES

L'ANCIEN DROIT EN BOURGOGNE

(Extrait de la *Revue historique du droit français et étranger*
numéros de novembre-décembre 1867, novembre-décembre 1868
et mai-juin 1869).

(C.)

Paris. — Typographie A. Hennuyer, rue du Boulevard, 7.

ÉTUDES

SUR

L'ANCIEN DROIT EN BOURGOGNE

D'APRÈS LES PROTOCOLES DES NOTAIRES

(QUATORZIÈME ET QUINZIÈME SIÈCLES)

PAR

J. SIMONNET

CONSEILLER A LA COUR D'APPEL DE DIJON
DOCTEUR EN DROIT.

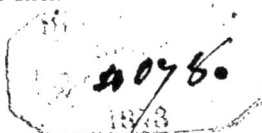

PARIS

AUGUSTE DURAND ET PEDONE LAURIEL

LIBRAIRES DE LA BIBLIOTHÈQUE DE LA COUR IMPÉRIALE ET DE L'ORDRE DES AVOCATS

9, RUE CUJAS (ANCIENNE RUE DES GRÈS)

1869

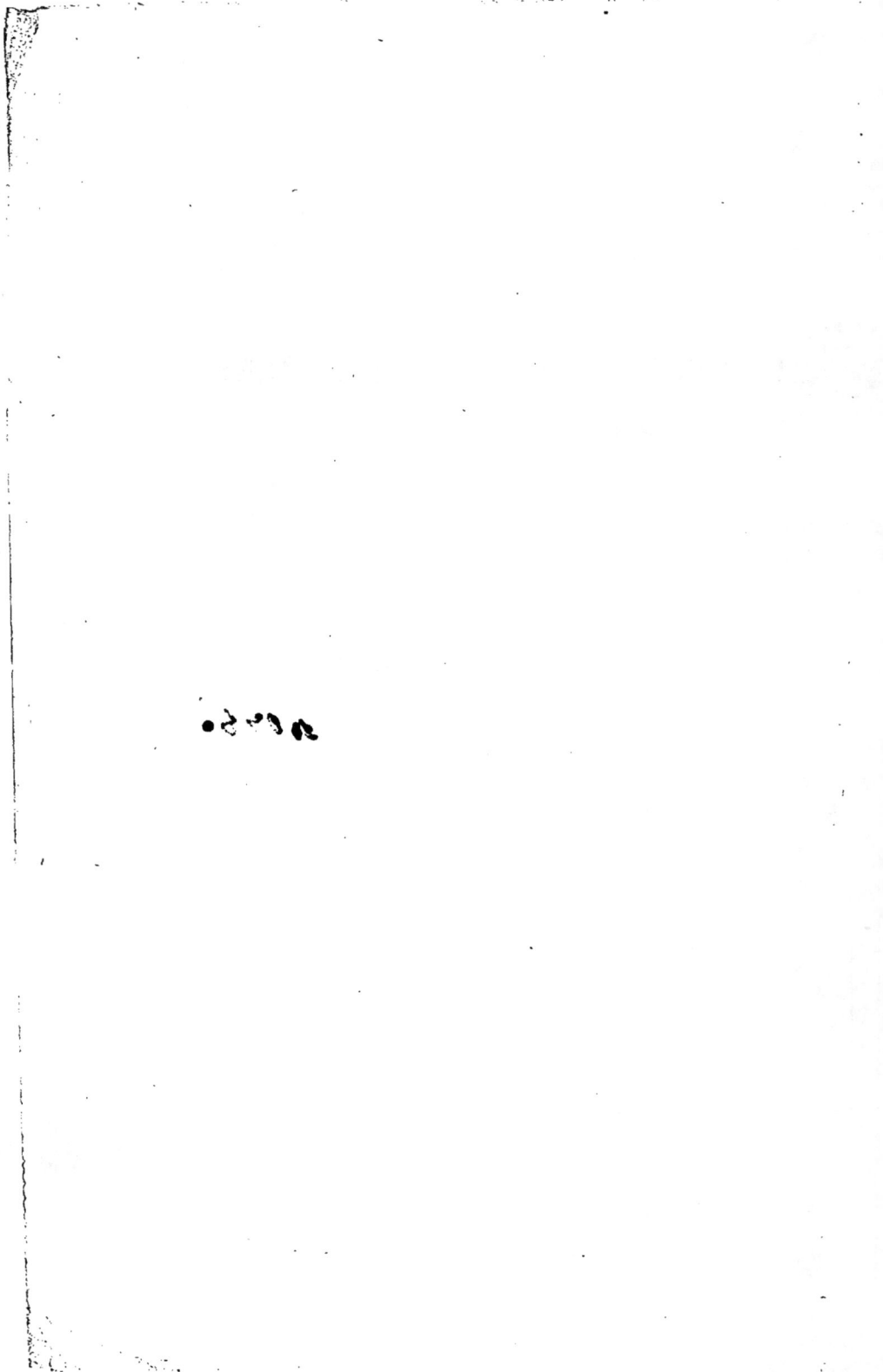

ÉTUDES

L'ANCIEN DROIT EN BOURGOGNE

LIVRE PREMIER

L'ÉTAT DES PERSONNES ET L'ÉTAT CIVIL [1]

I. — NAISSANCES. — BAPTÊMES. — DÉCÈS.

Avant que l'ordonnance de Villers-Cotterets, rendue en 1539, sous le règne de François Ier, eût prescrit la tenue de registres des naissances par les curés, l'état civil des particuliers ne pouvait être constaté que par témoins. En d'autres termes, la notoriété publique et la possession d'état remplaçaient la preuve

---

[1] La publication des anciens coutumiers et des anciens styles, tels que Bouteiller, Jean Desmares, les Coutumes notoires, le Livre de plait, etc., a rendu les plus grands services à l'étude de l'histoire du droit français. Mais, à côté de ces matériaux, il en est d'autres dont l'importance n'a été révélée que tout récemment. Les actes des notaires du quatorzième et du quinzième siècle nous montrent le droit coutumier non écrit dans son application journalière. Ces vieux praticiens consultaient les juristes et les avocats, leurs contemporains, pour la rédaction des contrats les plus compliqués. Lorsqu'on recueillit les coutumes, à la fin du quinzième siècle, on eut nécessairement recours à cette tradition vivante, et aux praticiens qui en étaient les plus sûrs interprètes. Les anciens textes donnés par le président Bouhier ont sans doute été rédigés d'après les mêmes inspirations.

En publiant aujourd'hui un choix d'actes relatifs à l'état des personnes, j'ai voulu donner un aperçu de l'importance des protocoles des notaires bourguignons, dont j'ai fait usage dans un livre récent : *Documents inédits pour servir à l'histoire des institutions et de la vie privée en Bourgogne.* Dijon, 1867.

écrite, qui ne fut organisée avec quelque précision que par les ordonnances de 1577 et de 1667.

Beaumanoir fait allusion, dans un passage intéressant, aux difficultés que présentait la preuve orale et aux fraudes qu'il importait de prévenir. Il suppose que la partie intéressée veut sortir de bail (c'est-à-dire de la tutelle féodale) et prendre possession du fief dont jouit le baillitre ou le seigneur suzerain ; elle offre de prouver qu'elle a atteint l'âge de la majorité féodale (douze ans pour les filles, quinze ans pour les hommes). Il ne faut pas lui permettre, dit le jurisconsulte, de produire des témoins de son choix ; mais il convient de recevoir la déclaration des parents et des personnes les mieux placées pour attester la naissance ou le baptême. Il est vraisemblable, d'ailleurs, qu'en cette matière l'enquête était entourée des garanties ingénieuses dont Beaumanoir a parlé dans un chapitre spécial consacré aux enquêtes[1].

Les protocoles des notaires bourguignons ont conservé quelques traces d'attestations destinées à suppléer la preuve authentique du baptême, de la filiation ou du décès. L'acte suivant, qui concerne un enfant mort peu de temps après sa naissance, a été évidemment rédigé sur la demande du curé compétent, qui, avant de donner la sépulture chrétienne au nouveau-né, aura voulu avoir la preuve qu'il avait reçu le baptême :

« Guiot le V. de Quetigny, père de feu Perreau, nouvellement né du corps de Jaquote sa femme, trespassé de ce siècle, a

---

[1] « Quant aucuns veut prouver qu'il est en aage por issir de bail ou por estre tenans de son fief que ses sires tient par défaute d'omme, il ne li loist pas à amener tesmoins, tout soit ce qu'il voille prouver, tex comme il li plest ; ançois doit estre fete enqueste de son aage par les parens et par les parrins et les marrines, et par les norrices et par le prestre, et par cex qui furent au baptizier, et par les mesniés qui estoient entor le mère el tans qu'il fu nés ; car cil qui veut prover son aage par autres tesmoins que par l'enqueste de cix dessus nommés se rent duement souspechonneus... » *Coustumes du Beauvoisis*, chap. XVI, Des sous aagiés, § 6.

juré en la main de Mons. l'abbé de S. Estienne que son dit fils a esté, avant qu'il soit mort, baptisié et undoyé par les femmes qui y estoient, si comme il li ay affirmé lesdites femmes. Et Thiriot S., Hugues Bergeret, et Villemot li Bergeret de Quetigny ont aussi juré que ils furent présens au baptizier. Et tous les dessus nommés ont juré et promis de garder et garantir ledit Mons. de S. Estienne de ce que il s'est consenti que le corps dudit mort soit mis en cimetière benoite... »

« Jovis in vigilià Epiphanie, anni nonagesimi[1]. »

Dans un acte qui remonte à l'année 1326, nous voyons plusieurs témoins attester par-devant le notaire qui en retient acte, la filiation de deux frères et d'une sœur :

« Entant à prover Messires Robert dits *li vilains*, de Dijon, prestes, curié de Viez Champengne de la dyocèse de Sens, que il hay une suer qui hay non Bone qui demeure avec luy, en son hostel où il hay acostumey de demorer, en ladite vile de Viez Champeigne, et que il hay hun frère qui hay non Girart, qui demore à Dijon, et que de ce est voz et fame comune à Dijon, en la rue es Noiroz, qui est en la paroiche St. Michel, en laquel rue furent nez les devant dits frères et suer; item que voiz et fame comune en est en ladite vile de Dijon, entre ces qui sont voisins et coignoissent ledit Mons. Roubert, son dit frère et sa dite suer, liquel furent de léaul mariaige, enfanz cay en arriers Huguenot li vilains et de Estevenote, lour (mère), qui fust femme d'iceli Huguenot.

« Ce sont les nons de ces qui hont jurié : Marie dou Pautez, Clere la Vooigete, Vauchiers li barbiers, Girardos li chandeliers, Monniars, fille cay en arriers Estienne Moutot[2]. »

---

[1] 5 janvier 1390 (vieux style), extrait du protocole de Aleaume de Cleuleu (n° 66 *bis*). Quetigny (canton et arrondissement de Dijon), prieuré-cure à la collation de l'abbé de Saint-Etienne de Dijon.

[2] *Protocole de Picard de Longvic.* Les mots « voz » et « fame comune, » du texte, sont calqués sur le latin *vox* et *fama communis*.

Il n'est pas inutile de rapprocher de ces deux textes une pièce extraite du livre de fiefs de l'église de Langres et publiée parmi les preuves de l'histoire de l'église de Saint-Etienne de Dijon. L'acte a pour objet de constater l'âge de Jeanne, comtesse de Champagne et reine de Navarre, fille de Henri le Gros et de Blanche d'Artois :

« Anno Domini M. CC. octogesimo tertio, sabbato post Reminiscere, inquestâ factâ per Johannem dominum de Falcin, quondam comitem Pontivi et per magistrum Guillelmum de Poilly, præpositum Insulensem, super ætate Joh., heredis Campaniæ et super consuetudine Campanie, ad quam ætatem domicella possit facere homagium, testes ipsi recepti super ætate comitissæ Campaniæ.

« Li arcediacres de Blois juré, dit par son sairement requis « douquel age la dame de Champaigne est, dit qu'il croit qu'elle « est entrée au douzième an, et le croit parce que onze ans eut « entre Noël et la Thiesphaine novalement passé que il alloit à « Lyons, du commandement le Roy, et lors la Royne gisoit « de cette fille à Bar sur Saigne, etc. »

« Testes super consuetudine : Li mareschaux de Champaigne, Madame du Bois, Monseigneur Gilles de Brion, etc. »

« In cujus rei testimonium nos prædicti Johannes dominus de Falcin, quondam comes Pontis-lvii, et magister Guillelmus de Poilly, præpositus Insulensis, qui dictam inquestam ad requisitionem Rever. in Christo patris dei gratiâ Lingonensis et Guillelmi Autissidiorensis episcoporum, Roberti illustris ducis Burgundiæ ac venerabilis patris Mathæi, eâdem gratiâ abbatis sancti Dionisii in Franciâ, coram quibus de prædictis cognitio vertebatur, ratione feodorum suorum fecimus ; presentibus nobiscum religioso viro G. Abbate sancti Stephani Divionensis, magistris Hugone de Armanco, canonico Autissiodorensis et Hugone de Castro, canonico Brivaten., legum professore, sigilla nostra præsenti inquestæ duximus apponenda. Actum Parisiis anno ac die prædictis[1]. »

Je trouve dans le protocole du notaire Richard Poissenot un acte analogue au précédent, ayant spécialement pour objet d'établir la majorité féodale de deux enfants qui en font la déclaration devant le bailli de Châlon et le lieutenant du bailli de Dijon.

« Damiselle Hugue et Vautier, enffans furent de Mons. Geofroy de Frolois, jaidis seigneur de St. Germain en Bresse, du corps de Madame Jeanne d'Asuel, sa femme, à présent femme de noble et puissant Monseigneur Jehan de Rie, seigneur de Belenot, confessent par-devant honorables hommes et saiges Guill. de Marcilly, bailli de Chalon, maistre Richart Bouhot, saige en droit, lieutenant de noble homme et saige Mons. Olivier de Jussey, chevalier, garde et gouverneur du bailliaige de Dijon, et Guill. de Salive, coadjuteur du tabellion d'Auxonne pour Monseigneur le Duc, leur estre suffisamment aagiez, c'est assavoir ladite damiselle en l'aage de environ oultre XVI ans, et ledit Vautier oultre XV ans, et par ensinc aagiez, etc., confessent estre en l'aage que dessus et fors de toute avouherie, bail, tutelle, maimburnie, gouvernement ou administration... etc.[2]. »

Il n'est pas rare de rencontrer des actes dans lesquels la partie contractante déclare, au début, avoir dépassé l'âge de la minorité, qui était, en Bourgogne, de quatorze ans pour les hommes et de douze ans pour les femmes. La formule suivante peut servir de type à cet égard :

« Theriot, qui fut fils Moingeart le Poissenère, de Dijon, en l'aage de quinze ans passés, si comme il afferme par son sairement, non decehus et non contraint en aucune manière, etc.[3]...»

---

[1] *Histoire de l'église Saint-Etienne*, preuves, p. 141.

[2] *Protocole* n° 48; B., 11,264. Acte du 30 juin 1369.

[3] Acte du 29 août 1374, extrait du *Protocole du notaire Michelot de Saquenay* (n° 61).

Avant de traiter des fiançailles et des mariages, je crois devoir transcrire ici le seul acte relatif à la constatation des décès que j'aie rencontré dans les protocoles des notaires. Il a pour objet de constater le décès d'Etienne de Musigny, qui avait laissé un fils en bas âge et dont la veuve s'était remariée.

« Le jour dessus dit (27 mai 1369), en la ville de Dijon, environ hore de prime, en l'escriptoire Andrié de Faanay, notaire de Dijon, religieuse personne frère Gille, de Chastel-Girart, prieur du saint Lieu, et Mess. Girart Lonrousot, curé de Bergeon, ont jurié que nobles homs Mess. Estienne de Musigney, jaidis chevalier, fuit trespassé le jeudi devant la nativitey St. Jehan-Baptiste, novellement et dairenement passey, et le vendredi ensuyvant, qui fû la veille de ladite feste, enseveliz et mis ou semistière et église dou priourté du quartier, de l'ordre du Vaul des Choux, du diocèse de Langres, bien et et solempnellement, etc.

« Sur laquelle relacion, Mess. Bertrand de St. P., chevaliers, comme ayant l'exercice du baul, à cause de dame Katherine de Crux, mère de Jehan de Musigney, moindre d'aaige, jadis femme Mons. Estienne de Musigney son mari, à présent femme dudit Mons. Bertrand, requit à moy audit notaire dessus nommé que je li donne instrument publique soubs le seel de la cour de Mons. le duc, etc.[1]. »

II. — LES FIANÇAILLES ET LE MARIAGE.

L'usage était, dans le cours du moyen âge, comme à Rome, de distinguer les fiançailles du mariage proprement dit. Les relations qui s'établissent en vue du mariage, entre deux jeunes

---

[1] *Protocole,* nº 54 ; B. 11,276. Les localités nommées dans l'acte sont le Val-Saint-Lieu ou Val-des-Choux (grand-prieuré, autrefois chef d'ordre); Barjon (canton de Grancey, arrondissement de Dijon); le prieuré du quartier, sur la paroisse de Salives (même canton).

gens et entre leurs familles, comportent plusieurs phases. La demande en mariage suppose déjà des fréquentations antérieures ; l'acceptation ne peut être donnée qu'après une certaine délibération, et la cérémonie nuptiale ou l'engagement solennel qu'elle accompagne se distingue à plus forte raison des promesses réciproques qui l'ont précédé. L'Église intervint pour donner une sanction à ces promesses que la loi civile ou plutôt la jurisprudence garantit à son tour. Les magistrats d'ailleurs avaient sans aucun doute pris les devants pour attacher à certaines paroles échangées, à certaines formules un sens définitif, le caractère d'un engagement à peu près irrévocable.

En Bourgogne, l'échange d'un morceau de pain, d'un fruit, d'un verre de vin, établissait entre les deux fiancés un lien qu'ils ne pouvaient rompre, et nous nous proposons de citer plusieurs exemples caractéristiques de cet usage.

On rappelle, d'après Tertullien, que les époux, en se mariant, mangeaient en même temps quelques bouchées de pain bénit ; qu'à Autun, le célébrant bénissait du pain et du vin, et le remettait au marié en lui disant : « Prenez et donnez à votre épouse, en lui faisant aussi bonne part de loyauté que vous voulez qu'elle vous fasse ; » qu'à Rouen, le père présentait du pain et du vin aux mariés, en témoignage de leur union et comme un symbole de la vie conjugale ; que, dans plusieurs provinces, les époux mangent et boivent à la porte de l'église, ou au moment de monter au lit. Ces coutumes peuvent être des souvenirs de la *confarreatio* romaine[1].

Cet échange d'aliments, dans la pensée de quelques popula-

---

[1] Voir Ed. Duméril, *Études sur quelques points d'archéologie et d'histoire littéraire*, p. 40, 41, 42. Au commencement du dix-huitième siècle, Brossette, rendant compte de la signature du contrat de mariage d'un échevin de Lyon, rapporte qu'après la signature « une collation fut servie, et l'on n'oublia pas de mélanger le vin servi aux deux époux, comme un signe que tout doit être commun entre eux. » *Correspondance de Boileau et de Brossette*, publiée par Laverdet, Appendice, p. 570.

tions, et indépendamment de toute intervention de l'Église, formait le lien conjugal : le mariage était désormais complet. Ce préjugé subsistait encore au commencement du siècle dans le Béarn, en Anjou, en Picardie. Au nombre des citations données par M. Ed. Duméril, je choisis, comme se rapprochant le plus des textes qui vont suivre, celle qu'il a empruntée au roman de Perceforest :

« Lors, ung chevalier de hault pris fut appellé qui tenoit une couppe, de précieulx piement plaine, et la présenta à Estonne qui joyeusement la receut, puis vint à la pucelle et luy dist : « Pucelle, s'il est ainsi que le mariage de vous et de moy vous « plaise, je vous requiers que vous recevez ceste couppe et y « beuvez. — Sire, dist la pucelle, il me plaist le bon plaisir de « mes amys. » Adonc elle receut la couppe et la présenta à Estonne, disant : « Sire, je vous prie que vous beuvez devant « comme mon mary, mon amy et mon seigneur. » Adonc Estonne print la couppe et beut, et puis la présenta à la pucelle, disant : «Madame mon espouse et ma compaigne, beuvez après « moy. » Et lors print la pucelle la couppe et beut [1]... »

On rencontre, dans les protocoles des notaires du quatorzième et du quinzième siècle, plusieurs allusions à ces anciens usages. Afin d'introduire un peu d'ordre dans les citations, je distinguerai les actes qui constatent un engagement pur et simple de la part des parties; ceux qui rappellent l'échange d'aliments ou d'une tasse de vin entre les fiancés; ceux auxquels prennent part les parents; ceux enfin qui ont pour objet de contester la validité des conventions antérieures.

Le plus simple a été publié par M. Boudot et remonte à la date du jeudi 8 mars 1324 :

« Jovis post Bordas, anno MCCCXXIV, horâ tertiâ, fuerunt facta et dicta per verba matrimonii Domicelli Othenini et domicelle

---

[1] Ed. Duméril, p. 44.

Johanne de Pesmes, in hunc modum, videlicet quod dictus Othe. se consentivit in sponsum et maritum dicte Johanne per talia verba :

« Ego volo vos in uxorem secundum præcepta sancte ecclesie, et ego vos in maritum.

« Testes Otho Abbas, Johannes D. et Hugo Davon et plures alii [1]. »

Il n'y a là qu'une convention ordinaire sans clause pénale et sans aucune solennité.

Il était quelquefois nécessaire ou utile de recourir à des témoignages positifs, afin de constater l'existence d'engagements de cette nature : ainsi nous rencontrons, dans le même protocole, à la date du 20 août 1324, un acte où le notaire reçoit la déclaration d'une femme dont les jours étaient sans doute en danger, et qui atteste que le nommé Guillaume Aubriot et la nommée Huguete de Fontenelles ont échangé entre eux une promesse de mariage.

« Die lune, ante Bartholomeum, anno XXIII, horam nonam existente, Hugueta de Fontenelles ex unâ parte, et Adelenâ, uxore Johannis Loiche Paule de Dijon, ex altera, jacente in lecto multum infirmâ corpore, tamen sanâ mente, dixit dicta Adeleneta per juramentum suum et in periculo anime sue quod ipsa fuit presens in quâdam domo, Divione, in quâ presentes erant dicta Hugueta et Wilhelmus, filius quondam Aubrieti, et vidit et audivit ipsum Wilhelmum dicere dicte Huguete talia verba seu consimilia : « Je te promet léaulment et en bone foy « que je n'auray jai femme que toi. » Ad que dicta Hugueta respondit : « Ne je mary que toy [2]. »

Le 22 décembre 1396, un nommé Odot Baraigner reconnaît,

---

[1] *Protocole du notaire Jean de Bèze* (nº 5), transcrit dans le Recueil d'actes appelés *Chartæ nuptiales*, etc., dans les *Mémoires de la Commission des antiquités de la Côte-d'Or* (années 1832, 1833), p. 3. Le texte y est fautif.

[2] *Protocole de Jean de Bèze.*

en présence de sa fiancée et de témoins appelés, qu'il a donné à boire à celle-ci, en foi et loyauté de mariage.

« Ledit jour, à houre de environ midy, ad Saint-Seigne, en l'ostel de Perrenot Poul de Pain, à la porte devant, furent présens en leurs personnes Odot fils Baraigner de Tournelle de Champigney, d'une part, et Poissenotte, fille Humbelot Bornet, demorant audit lieu, d'autre part, lesquels recognoissent, c'est assavoir, ledit fils, pardevant monsieur le prévost et les tesmoins cydessous escrits, que le dymanche après la saint Remy, darnièrement passée, il avoit donné boire en foy et loyaulté de mariaige, selon la coustume et loy de Rome, à ladite Poissenotte, laquelle agréablement le prit et receut en elle, et ainsi le confessa et cognut, et de ce ledit Humbelot me requist instrument.

« Présens Guillaume de Poncey, Guill. Paris… le maire de Champaigney et plusieurs autres [1]. »

L'acte suivant, du 17 juin 1373, est beaucoup plus complet : il renferme l'attestation d'un témoin qui déclare que deux jeunes fiancés ont bu ensemble, sous les yeux et sur l'invitation du père de la jeune fille, en loyauté de mariage.

« L'an mil CCCLXXIII, le venredi après la feste Deu, à heure de environ prime, vinrent en leurs propres personnes Perrins de Liffoul le Petit, demorant en la grant rue de Saint Nicholas, en l'aage de environ XL ans, et Jehan Chenevel, doudit Liffoul, demorant auxi à Dijon, liquelx Jehans requit à moy Guiot Jehan de Fontaines, comme notaire publique et tabellion de la court de Langres que, comme ledit Perrins se voillest départir de la ville et du païs, et comme il fust hehuz, on leu et en la place en laquelle paroilles de mariaige estoient hehues entre Jehannot de Liffoul, frère d'icelli Jehan et Marguerite, fille Jehan, dit le grand Jehan de Marcenay, demorant à Dijon, doubtans que

---

[1] *Protocole de Michel Coqui*, n° 98. Ce texte a été publié par M. Boudot; *loc. cit.*, p. 4.

empeschement ne fust mis audit mariaige ou temps advenir, et que par l'absentement dudit Perrin, il qui présent estoit à ycelli il ne pehust partir bonnement [1], je voillesse oïr ledit Perrins et faire jurer sur ce de dire et rappourter véritey, liquelx Perrins dit et rappourta par son sairment sur sains évangiles :

« Que, le lundi devant la feste Deu, darrènement passey, environ hore de none, il estoit chiez ledit Grant Jehan et vit et oit que lidit Grant Jehans et lidiz Jehannoz traictèrent ensamble et ehurent convenances l'un à l'autre telles que lidiz Jehans ouctroya audit Jehanhot sa fille et li dit :

« Jehannot, je veulx que tu aies Marguerite ma fille et que tu « soies mes genres. » Et, puis après, ce meisme jour, à hore de complies après sopper, li estanz audit hostel, vit et oit ledit Jehan qui prit ung verre et l'empli de vin et puis dit audit Jehannot : « Jehannot, tien cest verre et donne boire ma fille en « gaaing de par léautey de mariaige. » Liquelx Jehannot le prit et dit à la fille Marguerite : « Tenez et bevez en léaulté de ma- « riaige, » laquelle le prit et but.

« Sur lesquelles chouses lidit Jehanz, en nom dudit Jehannot, son frère, etc.

« Humbert d'Argilley et Villemot de Paris, pelletier.

« C'est fait l'an et le jour dessus dit [2]. »

Dans un acte du 13 août 1403, on voit que les parties ne sont pas d'accord sur la signification des faits qui y sont rapportés. Un nommé Richard de la Porte prétendait avoir offert une

---

[1] Il y a là un vice de construction qui jette une certaine obscurité sur le sens grammatical de la phrase.

[2] *Protocole de G.-J. de Fontaines, tabellion de la Cour de Langres* (n° 62). L'usage constaté dans les actes qui précèdent et dans les suivants, était également suivi en Lorraine, où les deux fiancés prenaient part à une collation et buvaient dans le même verre (Éd. Duméril, p. 40, 6). Liffoul-le-Petit (canton de Saint-Blin, arrondissement de Chaumont, Haute-Marne), lieu d'origine de plusieurs des parties citées dans l'acte ci-dessus, touchait à la Lorraine.

pomme à une veuve, qui l'avait acceptée et mangée en loyauté
de mariage. Celle-ci répond qu'elle n'a jamais eu l'intention de
contracter un engagement de cette nature. Ce texte ne constate
pas moins une circonstance intéressante, qui pouvait, à la condition d'un consentement réciproque des parties, les lier l'une à
l'autre.

« L'an dessus dit, le XIII° jour d'aoust, veille de Nostre-
Dame mi-aoust, environ six heures avant midi d'icellui jour,
en la ville de Dijon, en l'ouvrouer devant de la maison où demoure à présent Droyne, vefve de feu Monin Morisot, en quel
ouvrouer elle tient son espicerie, en la présence de moy, Berthelot Cornu, de Courboueil, clerc, demourant à Dijon, coadjuteur du tabellion dudit Dijon pour mondit seigneur le Duc, et
des tesmoins cy dessoubs escrips, estoient illuec personnelment
ladite Droyne, d'une part, et Richart de Laporte, de Dijon, cha-
pelier, d'autre part, lequel Richart adreça sa parolle envers
ladite Droyne, et lui dist les parolles qui s'ensuivent ou les
semblables en effect :

« Droyne, vous savez les parolles qui sont de mairiage entre
« vous et moi ; vous venistes en ma maison, et vous donney une
« pomme par loiaulté de mariage, et vous la pristes et la man-
« geastes, et pour ce, je vous annonce et somme que nous ac-
« complissions l'un de nous envers l'autre les convenances
« dudit mariage , ainsi que nous l'avons promis et conve-
« nancié l'un envers l'autre, car je suis tout prest, et pour ce
« suis-je venuz à présent devers vous pour en savoir vostre en-
« tencion, car c'est m'entente de mettre lesdites convenances à
« effect. »

« Laquelle Droyne respondit adonc audit Richart teles paroles ou les semblables en effect, c'est assavoir que :

« Onques en jour de sa vie elle n'eust aucunes convenances
« de mariaige à lui ne ne vouldroit avoir, ne onques en jour

« de sa vie elle ne entra en sa maison que une fois, et bien puet
« estre qu'elle y mengea des pommes, mais onques il ne lui en
« donna aucune par loyaulté de mariage, ne elle ne la prist,
« ne aussi ne se vouloit elle point marier, car adonc qu'elle fu
« en sadite maison, il n'avoit pas plus de huit ou quinze jours
« que son mary estoit trespassé, pour quoy elle ne pensoit
« adonc à soy marier, ne n'y estoit point allée adonc pour ceste
« cause et que jamais elle ne seroit mariée, pour quoy il n'y
« devoit plus penser. »

« De toutes lesquelles choses, etc... [1]. »

On comprend que la mauvaise foi pouvait tirer parti de quelques faits de cette nature et organiser contre une femme des
manœuvres coupables, afin de réclamer ensuite contre elle la
célébration d'un mariage qu'il n'était pas dans son intention de
contracter. Le compte d'Arnolet Machecot, receveur du bailliage
de Dijon (1470), nous en a conservé un exemple.

Un nommé Chauvelet était convenu avec plusieurs individus,
que, dans une entrevue à laquelle ils assisteraient, il offrirait
quelque chose à une veuve Borde, en lui disant en latin : « Ego
do vobis in honorem matrimonii, » et qu'ils attesteraient ensuite que les parties s'étaient ainsi promis le mariage. Ce projet
fut exécuté; mais la justice ducale découvrit la fraude, et les
deux témoins complaisants (J. Arnoul et Ph. Jourlain) furent
condamnés, chacun à quinze livres d'amende. Il paraît même
résulter du texte ci-dessous qu'ils auraient été bannis et leurs
biens confisqués :

« De Jacot Arnoul et Philibert Jourlain, de Brasey, pour ce
que, par informacion et aussi par les depposicions des dessus
dis, escriptes et réitérées, il a apparu de la conspiracion par eulx
et autres y nommez, faicte avec Jehan Chauvelet pour décep-
voir la vefve de feu Jehan Borde, soubz coleur que ledit Chau-

[1] *Protocole de Berthelot Cornu* (n° 109).

velet, en leur présence, en baillant aucune chose à ladite vefve
de feu Jehan Borde, lui devoit dire en latin : « Ego do vobis
« in honorem matrimonii ; » et ils devoient déposer qu'il lui au-
roit donné en loyaulté de mariaige ; lesquelles paroles depuis et
en leur présence il avoit dictes, et de prime face ilz en avoient
déposé selon son intencion ; et depuis ont cogneu la vérité et
qu'ilz en devoient avoir [1] ; eu regart aux lectres de Monseigneur, par lesquelles il a voulu qu'ilz feussent oyz, jasoit ce que
desja ilz fussent bannis et leurs biens déclairez confisquez :
Considéré tout ce qui fait à considérer et sur tout eu advis, attendu qu'il ne vient à oyr droit qui ne veult, chascun en l'a-
mende de quinze livres, et pour les deux, trente livres tournois [2]. »

Il résulte même d'un texte du 26 février 1325 que les enfants
en bas âge n'étaient pas à l'abri d'une surprise de cette nature.
Un jeune homme avait offert à une fille de huit ans un morceau
de pain, en prononçant les paroles sacramentelles ; les parents
de celle-ci font constater par un acte authentique la protesta-
tion de leur enfant :

« Die martis post bordas, in scriptorio meo, Stephaneta filia
Monieti Borserii et Magdalene ejus uxoris, de Divione, ætatis
circà octo annorum, ut parentes asserunt, ipsis parentibus suis
secum assistantibus, asserunt quod cum dicatur quod Girardus,
filius Barthol. Laverne, de Dyvione, cum ipsâ Stephanetâ habuerit verba matrimonalia talia, scilicet quod anno modum
elapso, Girardus dedit ipse Stephanete de pane suo dicendo
eidem : «Tene de pane meo, ita quod tu sis uxor mea, » ipsa
asserit et publice fatetur quod in dictis verbis non consensit, nec

---

[1] Ces mots signifient qu'ils ont avoué quelle somme ils devaient recevoir
pour leur faux témoignage.

[2] *Archives de la Côte-d'Or*, compte B, 4,513, f° xxv. Ce texte a été
donné sans beaucoup de soin par M. Boudot, *loc. cit.*, p. 5.

modo consentit, ymo totaliter dissentit et eadem nunc dissentit. »

« Petunt instrumentum ipsa et parentes sui [1]. »

Il peut paraître étrange qu'un enfant de huit ans ait été un
instant considéré comme obligé en une matière aussi grave ;
mais en étudiant de près cette question, on voit que ces sortes
d'engagements étaient, dans une certaine mesure, reconnus par
les jurisconsultes romains, dont la tradition aura été conservée.

Il n'est pas inutile, pour éclaircir ce point, de remonter aux
principes consacrés par le droit. Les fiançailles, chez les Romains, consistaient dans une promesse réciproque, que l'on
rencontre quelquefois dans les auteurs comiques, sous la forme
d'une stipulation régulière, mais dont la validité était indépen-
dante de toute solennité. Le consentement des parties pouvait
être donné par lettre ou consigné dans tout autre acte écrit.

L'âge où les jeunes gens pouvaient s'engager ainsi n'avait pas
été fixé : quelques jurisconsultes en concluaient que les fiançailles étaient valables lorsqu'elles intervenaient entre deux
enfants ayant atteint l'âge de discernement, sept ans, par
exemple.

Le droit canon avait posé la même limite : « Sponsalia, dit
le décret, ante septennium contrahi non possunt. » De nombreux textes supposent que les enfants de plus de sept ans pouvaient échanger valablement une promesse de mariage; cet engagement pouvait être résilié par le consentement mutuel des
parties lorsqu'elles étaient parvenues à la puberté; mais tant
qu'elles n'avaient pas atteint cet âge, elles ne pouvaient revenir
sur le contrat.

Le Recueil des consultations de Fr. Hotman renferme une
discussion curieuse à tous égards des principes de cette matière.
Dans le courant du seizième siècle, il fut consulté sur les effets

[1] *Protocole de J. le Curtiler* (n° 7).

d'une promesse de mariage intervenue entre une jeune fille qui
s'était engagée à l'insu de son curateur, et un jeune homme
qui lui avait remis, à titre d'arrhes, un anneau et une pièce de
monnaie.

Les faits et l'interprétation donnée par le jurisconsulte attes-
tent que les traditions du moyen âge s'étaient perpétuées jusqu'à cette époque.

La jeune fille avait accepté un rendez-vous dans la maison
d'un voisin ; elle y était allée, en franchissant un mur, ou en
passant par une brèche (*per maceriam*, dit le texte), et là, en
présence de plusieurs personnes, elle s'était assise avec le jeune
homme à une table servie (*in eadem mensa et convivio unâ cum
illo adolescente discumbens...*) Celui-ci avait adressé les paroles
suivantes à sa future : « Je vous donne cet anneau et cette pièce
d'or en signe de loyal mariage, et je vous prends dès maintenant pour épouse : de votre côté, m'acceptez-vous pour époux ?
— Oui, avait-elle répondu. »

« Je jure, dit-il encore, et je prends Dieu et mes amis à témoin
que je n'aurai jamais d'autre épouse que vous ; je le promets
sur mon âme : le promettez-vous pareillement ? — Oui. »

La fiancée avait alors dix-huit ans, et tout annonçait qu'elle
s'était engagée librement. Cependant son curateur réussit à lui
faire changer de résolution.

Hotman, consulté par l'autre partie, répondit que l'engagement était irrévocable, et qu'il y avait lieu de soustraire pendant quelques mois la pupille à l'influence de son curateur, afin
de lui permettre de se prononcer en dehors de toute crainte
révérencielle.

Sur ces entrefaites, le curateur vint à mourir, et la jeune fille
persista dans son refus de contracter mariage. Les magistrats
ordonnèrent une enquête sur les faits de la cause. On disait,
pour contester la validité des promesses échangées entre les
deux jeunes gens, que les fiançailles avaient été clandestines ;

que l'expression de la volonté de la fiancée était équivoque;
que les témoins qui l'attestaient devaient être rejetés, enfin que
le défaut de consentement du curateur rendait nul l'engagement
de sa pupille, etc.

A chacune des phases de cette curieuse procédure, le jurisconsulte se prononça énergiquement pour le maintien et l'exécution d'une promesse librement donnée : il conclut que la
jeune fille pouvait être contrainte à passer outre à la célébration
du mariage.

Je ne rappellerai pas les arguments nombreux donnés par
Hotman pour combattre l'objection tirée du défaut de consentement du curateur. Ce qui nous intéresse plus particulièrement,
c'est l'interprétation qu'il donne aux paroles prononcées par les
deux fiancés, et les conséquences qu'il tire de la remise de l'anneau, en s'appuyant sur l'opinion de divers jurisconsultes. En
voici le résumé :

« Annulus ab adolescente puellæ datus, » disait la glose,
« significat fidem conjugalem... In sponsalibus, signa æquipol-
« lent verbis, et ità non refert dummodo consensus exprimatur,
« etiam in non loquente, subsecuta subarratione per immissio-
« nem annuli. »

« Subarratio et emissio annuli, » disait François d'Arezzo,
« inducit matrimonium, et probatio facta de subarratione probat
« matrimonium contractum. »

« Qui signum acceptat, etiam signatum amplectitur : undè
« cum adolescens et puella signa matrimonii acceptarint, etiam
« matrimonium tanquam signum acceptaverunt. Symbolizant
enim missio annuli et matrimonium [1]. »

On l'a vu, les fiançailles, en Bourgogne, étaient entourées
de la même faveur, et les conditions de validité du consentement des contractants n'étaient rien moins que rigoureuses. Il

_____
[1] Voir *Franc. Hotomani consil.*, 39, 41, 42, 43, 44.

était pareillement de tradition que le père et la mère des jeunes
gens pouvaient les fiancer et contracter pour eux un engagement valable.

En droit romain, il y avait une certaine différence entre le
consentement du fils soumis à la puissance paternelle, et celui
de la fille. Le consentement du fils devait être formellement
exprimé ; quant à la fille, il suffisait qu'elle n'exprimât pas une
volonté contraire à celle de son père [1].

A plus forte raison, le tuteur ne pouvait engager sa pupille
sans son consentement.

Dans l'acte suivant, on voit, d'un côté, un père de famille
qui se fait fort pour son fils et qui s'engage à lui faire épouser
une jeune fille pour laquelle trois personnes, sans doute ses
parents, prennent un engagement analogue.

« Perreaux dit Damedeu, de Dyjou, retonsor, d'une part, et
Perreneta, qui fust fame Perreaul dit Escharni, de Dijon, et
Symon Escharni ses filz, et Perrenoz filz Estienne Ragot
d'autre :

« Les dites parties hont faites entre aux, eu traitant le mariaige cy après, les convenances qui s'ansuiguent, c'est assavoir
que lidit Perreaux promet faire et procurer envers Estienne
son filz que il panray à famme et à espouse Arnison qui fust
fille Jehan Judar de Noiron ; et les diz Perrenote, Symons et
Perrenoz promettent faire et procurer envers la dite Arnison
qu'elle panray à pers et à espoux le dit Estienne, se Deux et
sainte Eglise si acourde... [2]. »

---

[1] « In sponsalibus etiam, dit Paul, consensus eorum exigendus est quo-
« rum in nuptiis desideratur. » « Sponsalia, dit Julien, sicut nuptiæ, con-
« sensu contrahantium fiunt. Et ideo sicut in nuptiis, ita sponsalibus filiam-
« familias consentire oportet. » « Quæ patris voluntati non repugnat
« consentire intelligitur. » Ulpien (Dig., II, 7, 11, 12, *De sponsalibus*).

[2] Suivent des conventions matrimoniales proprement dites. *Protocole de
Huet de Salon* (n° 21, B, 11,246) f° 60, v°. Acte du 11 janvier 1349 (vieux
style).

On s'explique mieux l'intervention d'une personne étrangère qui s'engage à favoriser le mariage de deux jeunes gens, lorsque l'union projetée doit établir entre elle et ces derniers des rapports d'intérêt, tels qu'une association pour l'exercice d'un métier.

Ainsi il résulte d'un acte du 30 janvier 1348 (V. St.) qu'une veuve dote et marie une jeune fille, à la condition que les deux époux demeureront avec elle pendant quatre ans et travailleront pour son compte de l'état de teinturier. A l'expiration du terme, elle payera une somme de dix livres au mari, et délivrera un trousseau convenable à la femme. A sa mort, celle-ci héritera de tous les outils de la profession.

« Melina, relicta Perreneti dicti Apt. de Dyvione, tinctur., ex una parte, et Stephanus de Sancto-Juliano, Dyv. commorans, tincturarius, ex altera : dicte partes faciunt convent. que sequuntur, videlicet quod dictus Stephanus promisit ducere in uxorem Beletam quondam filiam Bonete, quondam filie Viviani Arigot, de Chamberiis, si Deus, etc., et dicta Melina promisit facere et procurare erga dictam Beletam quod ipsa nubet cum dicto Stephano, si Deus, etc.

« Et ob spem, contemplationem dicti matrimonii, dicta Melina dat et concedit dictis conjugibus futuris, ad commodum et utilitatem dicte Belete et heredum suorum, unam peciam vinee continent. circa tria quarteria sitam in fin. Dyv. etc., salvo et retento dicte Meline usufructu dicte pecie vinee, quamdiu vitam duxerit in humanis; ipsamque peciam vinee tenet et tenere debet tanquam ususfructuaria; item xx lib. uno flor. pro xxv s. comput., accipiendas super bona dicte Meline post ejus decessum; item et omnia utensilia operatoris tincturarie quas habebit dicta Melina tempore sui decessus.

« Item est actum quod dicta Melina debet dictos conjuges futuros secum tenere ex nunc usque ad sex annos seculuros, eisdem cum suis liberis, si quos habent, administrare victum, vestitum, calciaturam et omnia cetera vite sue necessaria,

secundum statum suum; et in fine dictorum VI annorum, dicta
Melina debet dictam Beletam mittere munitam de duobus pariis
robarum, et trossello secundum statum suum, et eidem Stephano dare, reddere et solvere, causa servicii sui, decem libras
dicte monete. Et pro eo dicti conjuges, per dictos annos tenentur
servire dictam Melinam bene fideliter in omnibus licitis et ho-
nestis ; commodum, etc., dampnum evictare, etc., et omne
lucrum et commodum quod facient durante dicto termino dicte
Meline tradere et deliberare, etc. Promittens dicta Melina, etc.

« Henricus Sechandi et Galnearius filius G. Pougeti [1]. »

L'acte suivant, du mois de juin 1348, constate des conventions analogues, quoiqu'elles soient d'une nature plus complexe
et qu'elles présentent une certaine obscurité. Regnaut le Mairot
a deux filles, dont l'une a épousé Huguenot Calvote : il s'engage à marier l'autre, nommée Jornin, avec le frère de ce dernier, Guiot Calvote, qui, de son côté, s'engage à l'épouser. Par
le même acte, le père de famille dote ses deux filles et stipule
que les deux jeunes ménages viendront s'établir dans son domicile, pour travailler en commun et pour son compte. Si le texte
dont il s'agit n'est pas fautif, il en résulterait que, contraire-
ment aux usages ordinaires, la future épouse devait être en-
trousselée, et que les noces devaient être célébrées aux frais des
deux frères Calvote.

« Guioz et Huguenoz, frères, enfanz cay en arriers de Per-
reaulx Calvote de Bretigney, d'une part, et Regnaulx diz li
Mairoz, doudit leu, d'autre, font entre eux les convenances qui
s'ensuigent, c'est asavoir que lidiz Guioz promet panre à pers et
espoux Jornin, fille doudit Regnaut, se Deux et sainte Yglise si
acourde, et lidiz Regnaulx promet à procurer envers ladite Jornin,
sa fille, qu'elle panray ledit Guiot à pers et espoux, se Deux et
sainte Yglise si acorde, sur poigne de x l. t. lesquels lidiz Guioz

[1] *Protocole de Huel de Salon,* f° 3 bis.

pourroit lever doudit Regnaud, ou cas qu'il ne procure que la dite Jornin ne vouroit panre ledit Guiot. Et sur l'esperance et contemplation doudit mariaige, lidit Regnaux donne à la dite Jornin, sa fille, dois maintenant, la tierce partie de toux ses biens tant meubles comme héritaiges, et auxi donne à Gillote fille doudit Regnaut et famme doudit Huguenot, l'autre tierce partie de ses diz biens, après son déceps.

« Item est de convenant que lidiz frères ensamble lor fammes doivent demorer avec lidit Regnaut par le cours de leur vie, et doivent apourter avec ledit Regnaut, tous lour biens tant meubles comme héritaiges ; et doivent ovrer pour ledit Regnaut bien et léaulment, et tout le gaaing et profit qu'ils feront doivent bailler et délivrer au dit Regnaut.

« Item est de convenant que se lidiz frères et lour fammes ou aucuns d'icels se départoient doudit Regnaut, que il nan pourteroient riens des biens et héritaiges doudit Regnaut jusques la fin de son déceps.

« Et se lidiz frères se partoient doudit Regnaut, il anpourteroient toux lour héritaiges vielx, et est à savoir que sil se partoient dudit Regnaut, quil anporteroit la mitier des biens meubles quil hauroient à ycelli temps et la mitié des biens estans en tous les héritaiges, et lidiz Regnaulx pour li et sa famme l'autre mitié. Et paieroient les parties por my les debz qui y seroient quant se partiroient doudit Regnaut.

« Item est de convenant que lidiz frères doivent ladite Jornin vestir, faire tout le fait des noces desdiz Guiot et Jornin, saul le douaire de Lorance, famme dudit Regnaut qui li compettroit sur les biens doudit Regnaut. Promettans lesdites parties, etc., tenir, etc.

« Johannes de Jcio et Gelietus Courbaul de Anceyo. Die sabbati post Petrum et Paulum apostolos [1]. »

---

[1] *Protocole de Guill. Cultiler* (n° 19, B, 11,250, f° 25).

Il résulte en outre de ce même acte que l'engagement du père est sanctionné par une clause pénale. A Rome, des arrhes taient quelquefois données pour garantir la promesse de mariage (L. 3, C. *De sponsalibus*). Les arrhes n'étaient pas considérées comme une clause pénale proprement dite. On voit par la loi 2 (C. *De inut. stip.*) que la stipulation, avec interposition d'une clause pénale, par laquelle on s'engageait à ne pas divorcer, était nulle. Les mariages, disait-on, devaient être libres, et les décrétales avaient étendu ce principe en décidant que l'on ne pouvait réclamer à titre de peine la somme stipulée pour assurer l'exécution d'une promesse de mariage :

« Cum itaque libera matrimonia esse debeant, et ideo talis stipulatio propter pœnæ interpositionem sit improbanda [1]. »

La même distinction se retrouve dans les établissements de saint Louis : les arrhes étaient valablement données de part et d'autre en cette matière, mais la clause pénale proprement dite était proscrite.

« Se aucuns avoit son fils qui feust en non aage, et li peres deist à aucuns de ses voisins : « Vous avez une fille qui est auques de l'aage de mon fils, se vous voliés que ele fust à mon fils, quand ele seroit en aage, je le voudroie bien, en tele manière que vous me baillissiez une pièce de votre terre, et je dix livres par nom d'erres, en tele manière que les erres me demourront, quand vostre fille seroit en aage de marier, si elle ne vouloit le mariage ottroier... »

« ..... Et se il avait fait tele convenance en autre manière que il eussent mis pleiges de rendre c livres ou plus ou moins, se li mariaige n'estoit, la peine ne seroit pas tenable par droit [2]. »

Le droit coutumier ne paraît pas avoir admis cette distinction un peu subtile. Beaumanoir, après avoir écrit que deux enfants

[1] *Decret.*, lib. IV, tit. I, XXIX.
[2] *Etablissements*, liv. I, chap. CXXIV.

mineurs ne peuvent valablement faire des convenances de mariage, ajoute :

« Et se paine fu mise à la convenence fere ; si comme si je di à aucun : « Je donrai me fille à mariage à vostre fil, et le voz convenence sou paine de mille livres se je ne le fes, » pour ce que je me repens du marcié, ou porce que ma fille ne le veut quand ele vient en aage, je sui tenu à paier la penc [1]. »

L'acte suivant confirme cette doctrine. Ainsi que nous l'avons vu déjà, la clause pénale était admise en Bourgogne. Philippe de Motereuil, chevalier, s'engage à faire épouser ses deux fils à deux sœurs, Marguerite et Nicole de Mornay, « sur peine de cinq cents livres. »

« Por le bien de mariaige à avenir, se Deux et sainte Yglise si acourde, acourdey hay estey, que Mess. Philippes de Motereul, chevalier, prant en main et se fait fort sur paigne de cinq cent livres de bons petits tornois (hun gros tournois d'argant viez por xv den.) et par son sairment donney à saintes Evangiles, que Jehans de Mostereul, fil doudit chevalier, panray à léaul espose, se Deux, etc., damiselle Marguerite qui fust jadiz fille Huguenin de Mornay, escuier, et de damiselle Estevenote d'O-reres ; et auxi Guiot fil dudit chevalier et frère doudit Jehan, panray en espouse, se Deux et sainte, etc., damiselle Nichole, fille desdiz Huguenin et Estevenote, et sur de ladite Marguerite en la forme et menière qui s'ensuit... (Suit la constitution des douaires.)

« De rechief hay estey acourdey que Mess. Anceex de Duhayme, chanoine de Laingres et Jehans d'Orères, escuiers, sur la forme et obligation que lidis chevaliers c'est obligiez, lidiz Mess. Ancex et Jehans d'Orères promettent par lour sairement donnay à saintes Evangiles et sur ladite obligation que lesdites damiselles panront à espoux lesdit Jehans et Guioz, se

<hr />

[1] *Coutumes du Beauvoisis,* chap. XXXIV, § 62.

Deux, etc., si comme dessus est devisiez. Et empourteront lesdites damiselles toute la succession de lour père et de lour
mère avec lour dis espoux... etc. [1]. »

Dans les actes qui précèdent, il s'agit d'engagements volon-
taires et spontanés : nous voyons, dans un texte du mois de
septembre 1386, des tiers intervenir, afin de faciliter le mariage d'un particulier qui s'était rendu coupable de rapt avec
celle qu'il avait enlevée. Ils s'obligent non-seulement à payer
les frais de la poursuite criminelle dirigée contre lui à cette
occasion, mais encore à payer les frais de noces et à lui faire
consentir certaines clauses favorables à la future épouse, dans le
contrat de mariage qui devra précéder la célébration. Cet acte
a donc à la fois le caractère d'une transaction et celui d'une
promesse de mariage.

« Hugues de Luchardet, Jehan Martin, Estienne Cornemete,
Jehan Camuset, Perreaul le Pagellenet, de Mecigney, et Guill.
Damans, demeurant à Dijon, leur faisans fors pour estre avec
eulx obligié Andrey Felerdin dudit lieu, promettent que, ou cas
que il plaira à madame de Bourgoigne impartir sa grâce à Jehan
filz Guillermin le Rembrey dudit Mecigney, détenu prisonnier
es prisons de Dijon, à la requeste de Girarde, fille de feu Oudry
de Saint-Soigne, demorant à Dijon, sur cas de ravissement
perpétrez en la personne d'elle, et sur espérance de adcomplir
mariaige d'eulx ensemble, que il devront et doivent dès maintenant et promettent paier, en cas dessus dit, audit Jehan, pour
paier les frais et missions qui sont et seront fais en la présence du fait dessus dit, la somme de xxv fr. d'or, etc. Et
avec ce promettent de faire consentir audit Jehan, avant toutes
paroles de mariaige, que, ou cas qu'il voudroit fourfuir le lieu,
ou quil iroit de vie à trespassement, sens hoirs de son corps
devant elle, tous les biens que il aurient ensemble, tant meu-

---

[1] Acte du 14 avril 1350. *Protocole de Huet de Salon* (n° 21, B, 11,246, f° 84).

bles comme heritaiges, feussent et demeressent à ladite Girarde, sa vie durant, senz contredit. Et auxsi paieront les dessuz dis touz les frais appartenant, au fait des noces des deux parties. Et ladite somme de xxv fr. promettent paier deans xv jours prochainement venant, etc. [1]. »

Les fiancés pouvaient d'un commun accord se dégager, et, à plus forte raison, ajourner la célébration du mariage. Cette dernière stipulation fait l'objet d'un acte de l'année 1324.

« Martenetus de Quinque Fontibus, vaginarius, Div. commorans, promittit per juramentum suum quod, (cum) ipse et Perreneta de Turceyo habeant inter ipsos ad invicem verba matrimonia de præsenti, quod non coget nec cogi faciet ipsam quod matrimonium sit celebratum inter ipsos usque ad sex annos post datam præsentium litterarum, et Perreneta predicta... non contradicente [2]. »

Dans les deux actes qui suivent, on voit que la fiancée avait été trompée par un homme marié qui avait abusé de sa confiance pour lui promettre le mariage : il était nécessaire de faire constater par un notaire la nullité de l'engagement.

« Stephanus Besancenoz de Loya (?), morans in molendino Sti Stephani Dyv., asserit quod cum ipse habuerit verba matrimonii de presenti cum Jaqueta filia quondam Odeti Bordereaul, de Chevigneyo Sti Ss. ipse Stephanus nunquam intendit propter illa verba debere matrimonium contrahere cum dictâ Jaquetâ, nec etiam quod propter hoc esset maritus dicte Jaquete, vel dicta Jaqueta ejus uxor, maxime quoniam ipse Stephanus, priusquam cum dictâ Jaquetâ verba et convent. matrim., cum

---

[1] *Protoc. de Guill. de Brazey.*

[2] *Protoc. de Jean de Bèze* (no 5). On voit que les fiançailles par parole de présent constituaient un véritable engagement dont l'exécution pouvait être réclamée en justice. Le hameau de Cinq-Fonds, commune de Vaux-Saules, et Turcey, canton de Saint-Seine et arrondissement de Dijon.

quâdam alterâ (habuit?) de qua jam habet pueros. Et idem
asserit per dictum juramentum suum esse verum, quare quittat
dictam Jaquetam de omnibus verbis convent. et promissionibus
matrimonii et aliis quibus cumque. »

« Joh. Valliot, Joh. fil. magist. de Lamb. et Perrenetus de
S¹ᵒ Apollin., Die sabbati post Petrum et Paulum [1]. »

Il résulte, du second acte ci-dessous transcrit, que les fiançailles avaient eu lieu en présence d'un notaire de la cour de
Langres.

« Universis presentes litteras inspecturis, officialis Lingonensis salutem in domino : Notum facimus quod, anno a nati-
vitate Domini currente millesimo quadringentesimo tricesimo
secundo, die vero dominicâ quâ cantantur in sanctâ Dei Matris
ecclesiâ jubilate, decima mensis mai, circa unam oram post
meridiem ipsius diei, in villâ Divion., in domo habitationis
Jacquetæ relictæ quondam Reginaldi Griveti, archerii, in ca-
mera posteriori ipsius domus, in Johannis Boni, de dicta Divione, tabellionis, nec non ac curiæ nostræ jurati, ac testium
infra scriptorum presentiâ, in quâ camerâ erant Jacquetus
Monachi, de villâ Rhotomagi, pannorum tonsor, hinc, et Beleta relicta quondam Johannis Courtot, de Divione, inde ;

« Quæ quidem Beleta dicit dicto Jacqueto verba vel in effectu
consimilia quæ sequuntur verbis laïcis exprimendo :

« Jacquet, il est vray que vous et moy, nous fûmes fiancés
par-devant Perrin Morisot, juré de la cour de l'official de Langres. J'ay entendu et suis acertainé depuis que vous estes
marié, et avez espousé une appelée Guillemine, du pays de
Cault, qu'est mal fait à vous de moy avoir ainsint déceue ; et
scé aussi que vous vous vuilles aler et départir de ceste ville. Je
vous prie que des paroles et convenances que vous et moy avons

---

[1] Acte du 3 juillet 1316, extrait du *Prot. de Jean le Ratat* (nᵒ 1). Le
père de la future était de Chevigny-Saint-Sauveur (canton est de Dijon).

ensemble que vous me quittiez et que je vous quitte, affin que vous et moy ne vivions en péchié, en faisant mon mieulx et vous le vostre. »

« Qui Jacquetus dicit et prótulit verba vel in effectu consimilia verbis laycis exprimendo :

« Bellete, je ne scé de vray se ma femme vit : dès maintenant de vostre foy à moy donnée et de nos convenances de cy et devant Dieu je vous quitte perpétuellement, et vous maries en autre quand bon vous samblera, et aussi vous prie que vous semblablement me quittiez. »

« Quæ Beleta eodem modo Jacquetum quittavit in perpetuum.

« De et super quibus ipsa Beleta petiit dicto Johanni Boni sibi fieri et dari publicum instrumentum, etc. [1]. »

On l'a vu, les fiançailles formaient un lien entre les personnes qui ne leur permettait pas de prendre d'autres engaments. Aussi tous les fidèles étaient-ils obligés en conscience, lorsque des bans de mariage étaient publiés, de révéler comme un empêchement légitime l'existence de fiançailles que l'un des futurs époux aurait contractées avec une autre personne à une époque antérieure.

Deux actes de la seconde moitié du quatorzième siècle nous rappellent ces coutumes. L'un et l'autre constatent une opposition à mariage, qui paraît avoir été formée par un tiers de mauvaise foi, agissant en vue de contrarier les deux fiancés. Il en résulte que, dans notre province, les trois publications qui devaient être faites avant la célébration étaient en usage avant que le concile de Trente eût renouvelé cette prescription [2].

---

[1] *Prot. de Jean le Bon et autres* (n° 169).

[2] L'ordonnance de Blois de 1380 dispose, art. 40 : « ... Nos sujets... ne pourront valablement contracter mariage sans proclamations précédentes de bans faites par trois divers jours de fêtes... » Il n'est pas inutile d'ajouter que l'article 44 du même édit interdit aux notaires de recevoir aucunes promesses de mariage *par paroles de présent*. Tel était, sans doute, l'usage

Un acte du dimanche 23 août 1366 nous donne la formule de cette publication :

« Anno dom. millesimo CCCLXVI°, die Dominicâ post festum beati Mammetis, dominus Johannes Gilleti, alias Pitoulz, de Divione, presbiter, rector parochialis ecclesiæ sancti Michaelis de dicta Divione, in eâdem, et etiam horâ offertorii magne misse parochialis, in ipsâ ecclesiâ solitâ celebrari, ad pulpitum ipsius ecclesiæ personnaliter accessit, et dixit in Gallico verba vel in effectu consimiliaque sequuntur :

« Je vous adnunce que Milloz li filz Haguenin, de Larey, et Perrenote, fille fuit de feu maistre Regnault d'Echenon, se veulent asembler par lealtey de mariage, se Deux et sainte Eglese si accorde, pour quoy je vous commande à touz une foiz pour toutes, sur pene d'escommuniement, que s'il y ai aucun de vous qui saiche aucun empeschement par quoy li mariaiges ne se doie faire, se le viegne dyre, ou aucuns ny serait recehuz de cy en avent, quar Mons. l'official de Langres leur ay doney et outroie de grâce espécial les deux autres bans, en moy mandant par ses lettres que, cest premier ban fait solempnelment, je les recehusse à benédiction, cy ny havoit autre empeschement... »

« Quibus sic dictis et narratis per eumdem Johannem, quædam mulier, nomine Germana, de Bellanova, tunc ibidem præsens, dixit domino Johanni verba vel effectu consimilia quæ sequuntur :

« Je vous fais assavoir que j'ay oy dire plusieurs fois à Perrenote de qui vous pallez, quelle havoit fiance par mariaige et hu paroles de mariaige à ung vallet qui demore chez Guillote, la femme Richart Guillot de ceste ville, et, pour ce, je vous

des notaires ecclésiastiques, en Bourgogne : l'acte précité du mois de mai 1432 constate, en effet, que l'engagement des deux fiancés avait été reçu par un notaire de la Cour de Langres.

viens dire que je ne veul point ma conscience estre sur ce chargiée. »

« Et in continenti, Johannes de Portu, burgensis Div., dixit
eidem mulieri verba quæ sequuntur :

« Veulx tu empescher cest mariaige que icy ay esté annun-
ciez de Perrenote et de Milloz, ne poursuigre ce que tu es
dit ?...

« Contra quæ respondit indilate : « Non. »

« Quibus sic actis, dominus Johannes dixit omnibus adstan-
tibus : « Restetis quousque post missam, et statim ego citabo
« partes Hugonis et alios quos istud negotium tangit, secundum
« consilium quod habebo. »

« Super quibus idem Johannes de Portu requisit a me Ro-
berto, tabellione curie Lingon, publicum instrumentum, etc.[1]. »

L'acte qui suit, en date du 22 janvier 1391 (V. St.) a pour
objet un désistement donné par une femme qui s'était opposée
à un mariage publié dans l'église Notre-Dame de Dijon, en
alléguant qu'elle avait été fiancée avec le futur époux. Elle
déclare qu'il n'a jamais existé entre eux d'engagement de cette
nature.

«Comme naguères Jehan le Chet, bouchier, ait fiancée par
léaulté de mariaige, Clémence, fille Jehan Bergeret, aide de
boicherie, de Dijon, duquel mariaige le premier ban, pour
solempnization en tel cas acoustommé, ait aujourd'huy esté fait
en l'église parochiale Notre-Dame de Dijon, auquel ban faisant,
Marie, fille Guiot Penetier de Beaulne, pour sa très grant inad-
vertance et de son petit conseil, et aultrement que à raison
appartient, ait contredit audit ban pour aucune cause frivole
et inraisonnable au contraire dudit mariaige futur; ainsi est

---

[1] *Protoc. de Robert de Senevoy* (no 39). Les localités désignées dans le
texte sont : Larrey, écart de Dijon ; Echenon, canton de Saint-Jean de
Losne, arrondissement de Beaune ; Belleneuve, canton de Mirebeau, arrondissement de Dijon.

que ladite Mearie, de sa certaine science et comme bien
advisée à present, senz fraude et senz circonvention aucune,
veult et se consent audit ban estre bien et justement fait et
solempnisé en ladite église de Nostre-Dame, et par conséquent
vuelt et se consent que tous les aultres deux bans se fassent
en ladite église, si comme il appartient en tel cas, pour ce que
onques en sa vie ledit Jehan ne elle n'eurent aucunes paroles
ensemble de mariaige. Et avec ce, elle le quitte de toutes
actions et aultres choses quelconques esquelles et pour lesquelles il puist oncquex estre tenus à elle de tout le temps
passé [1]. »

Après les fiançailles, ou même, ainsi que nous l'avons vu,
dans l'acte qui constatait l'engagement des deux fiancés, ceux-ci,
de concert avec leurs père et mère, arrêtaient les conventions
matrimoniales proprement dites. Cette matière exige certains
développements, elle mérite d'être traitée à part et peut se
détacher sans inconvénient d'un chapitre qui concerne exclusi-
vement l'état des personnes. Toutefois, pendant le moyen âge,
la constitution du douaire au profit de la femme eut un caractère à part, et, dans beaucoup de lieux, fut considérée comme
inséparable de la solennité du mariage lui-même. Charlemagne,
dans le capitulaire 179 (liv. VII), avait décidé que le douaire
serait constitué à la femme en présence et de l'avis du prêtre,
au moment de la bénédiction nuptiale : « Per consilium et
benedictionem sacerdotis, et consultu aliorum bonorum viro-
rum, eam sponsare et legitime dotare debet. »

« Et bien apert, dit Beaumanoir, que la coustume estoit tele
anciennement, par une parole que li prestre fet dire à l'omme,
quant il espouse, car il dist : « Du doaire qui est devisés entre
mes amis et les tiens, te deu [2]. »

---

[1] *Protoc. de Guiot de Corpssaint* (n° 90).
[2] Chap. XIII, *Des douaires*, § 12.

« La constitution du douaire, écrivait Laurière, fait toujours partie des solemnitez du mariage, comme on peut voir dans les rituels [1]. »

La formule suivante, rapportée par Boudot [2], avait été transcrite sur un missel à l'usage de Rome, par un curé de Pont-de-Vaux (Bresse).

« Tunc dicat sponsus in nomine Domini Jesus Christi : mulier, de cet anneau je t'espouse, de cet argent ton corps honore, mes aulmones et bienfaits je te recommande. »

Je n'ai trouvé aucune allusion à cet usage dans les actes des notaires, qui renferment cependant un grand nombre de conventions matrimoniales, parmi lesquelles figure la constitution du douaire. Toutefois, de ce que cette stipulation était écrite avant la célébration du mariage proprement dite, il ne faudrait pas en conclure qu'elle dispensât l'époux de prononcer la formule du rituel pendant la solennité religieuse. Nous voyons en effet que, dès les temps les plus reculés, un acte préalable était dressé, afin de déterminer les objets composant le douaire de la future épouse [3].

La bénédiction nuptiale était donnée par le curé de la paroisse des époux. La compétence du prêtre pouvait donner lieu à des difficultés, lorsque les futurs époux voulaient se marier hors de leur domicile. Dans ce cas, ils devaient (cela résulte d'un acte que nous allons transcrire) justifier de l'autorisation de leur propre curé. Celui-ci ne la donnait qu'à bon escient et après avoir perçu une redevance destinée à l'indemniser du droit d'épousailles qu'il aurait touché de son paroissien, s'il se fût marié au lieu de son domicile [4].

---

[1] *Gloss. du droit françois*, p. 367.

[2] *Recueil d'actes appelés Chartæ nuptiales*, précité, p. 9.

[3] Voir Marculfe, liv. II, *Form.* XV ; *Append. Marc. form.* XXXVII ; *Form. Bign.* V, etc.

[4] Dans le cours du quatorzième siècle, à Dijon, les curés exigeaient de

Dans un acte du 27 avril 1394, nous voyons le curé de Saint-Seine refuser d'abord de passer outre la célébration du mariage d'un particulier qui lui présentait des lettres reçues sous le scel de Langres, qui l'autorisaient sans doute à se marier hors de sa paroisse, avec une fille de Saint-Seine. Un curé du voisinage intervient, afin de lever les scrupules de son confrère; il s'engage à garantir ce dernier de tous dommages-intérêts qu'il pourrait encourir à l'occasion de ce mariage.

« L'an et jour que dessus, à heure de verpoul, après prime sonnée, à St-Seigne, en la place du Marchief, devant l'us du moustier de la paroiche de la ville, c'est assavoir du moustier St-Gille, vint Guillaume dit Paroisseux, de St-Bonnot-de-Vieille-Vigne, serviteur et palefrenier de Mons. de Saint-Seigne, lequel, ou lieu que dessus, trouva Mess. Colas Feuillot, curé dudit lieu, et lui présentay unes lettres scellées du scel de Mons. de Langres, pour soy espouser de Perrenote, dite Torboiche, de Léry, demorant à St-Seigne, esquelles lettres ledit Messire le curé mestoit doubte.

« Et Mess. Jehan de La Roiche, curé de Mont-Saint-Martin-les-St-Seigne, estant présent, dist audit curé de St-Seigne qu'il

ceux qui contractaient mariage « aulcune fois six, et aulcune fois sept ou huit (francs). pour la messe et benoison nupcial, *avec l'escuelle au ris...* » La difficulté soulevée par la mairie de Dijon fut portée devant le Parlement de Paris : un accord intervint entre l'abbé de Saint-Etienne et l'échevinage. On y lit, entre autres clauses, que « pour les espoussailles des parrochiens des cinq paroisses, qui se marieront en icelles, l'on payera dix sols tournois, c'est assavoir, pour le mary cinq sols, et la femme cinq sols et non plus ; et ne seront tenus de payer autre chose, ne pour gant, ne pour estrenes, ou escuelles ou autres choses... » (V. Pérard, p. 382, 387).

Dans les actes de location des cures à des desservants, j'ai rencontré plus d'une mention concernant des redevances analogues : à Saint-Ylier-en-Auxois, il est question des *gants* des espousées qui s'en iront dehors ; à Savouges (canton de Gevrey, arrondissement de Dijon), le desservant se réserve « les écuelles et gelines des épousailles. »

n'y meist ne feist nulle doubte, mais l'esposât ardiement ; que il plégeoit et cautionnoit ledit Guillaume en ce fait, et auxsi que de tous cousts, domaiches et destourbiers que lidis curés de St-Seigne il pourroit avoir et obtenir, que il l'en desdommageroit et defraieroit du tout en tout et ad ce fait s'obligeoit...

« Des quelles choses dessus dites, etc. [1]. »

L'acte suivant constate de même l'engagement pris par les intéressés d'indemniser, dans des circonstances analogues, le curé de Saint-Michel de Dijon, qui refusait de marier un nommé Guy de Chay avec une fille de Dijon. Dans ce texte se trouve rapportée en entier la lettre du curé de l'église Saint-Etienne de Paroy, déclarant que son paroissien Guy de Chay est libre de se marier hors de son domicile.

« Anno Domini MCCC°XLV°, die sabbati post octabas festi purificationis beate Marie Virginis, ante horam primam, videlicet quasi in ortu solis ipsius diei, apud Dyvionem, Ling. dioc., videlicet in cimisterio ecclesiæ beati Michaelis, ante portam anteriorem ipsius ecclesie, personnaliter accesserunt dominus Joh. Gilonis de Dyv. presbyter, rector ecclesiæ predicte, ex una parte ; et Guido de Chay, filius quondam Jacobi dicti Bachon, et Johannes dictus Musardie de dicto Dyvione, serarius, ex parte altera ;

« Qui Guido et Johannes dicto rectori, cum magnâ instanciâ requisierunt ut matrimonium de dicto Guidone et de Johanneta, filia dicti Johannis Musardie celebraret et eisdem benedicionem nucialem dare vellet ; et eidem domino Johanni tradidit dictus Guido quasdam litteras sigillo ecclesie beati Stephani de Paroy, Bisunt. dyocesis, ut asserebat idem Guido, cera alba sigillatas, quarum tenor sequitur in hec verba :

---

[1] Les localités désignées dans cet acte extrait du *Protoc. de Michel Coqui*, de Saint-Seine (n° 98), sont :

Saint-Seine en Montagne, Léry, Saint-Martin-du-Mont (canton de Saint-Seine, arrondissement de Dijon).

« Dilecto amico suo curato seu vicario ecclesie beati Michaelis
de Dyvione, Ego dominus Johannes dictus Juste, curatus ecclesie beati Stephani de Paroy, Bisunt. dioces. salutem et amorem. Mitto ad vos Guidonem de Chay, filium quondam Jacobi
dicti Bachon, parrochianum meum, liberum et absolutum ad
matrimonium contrahendum inter ipsum et Johannetam filiam
Johannis dicti Musardie de Dyvione, Ling. diocesis, quare vos
precor quod dictum matrimonium inter ipsos in facie ecclesie
solempniter celebretis, bannis prius factis, ut moris est, nisi
sit aliud canonicum quod obsistat. Datum sub sigillo meo
usitato, die lune post festum purificat. beate Marie Virginis,
anno Domini MCCC°XLV°. »

« Qui dominus J. Gilonis, dictis litteris visis et de verbo ad
verbum lectis, dictis Guidoni et Johanni Musardie respondit et
dicit quod dictum curatum de Paroy nunquam noverat, et si-
gillum dictarum litterarum ignorabat, et quod dictum matrimonium nullo modo celebraret, nec benedictionem nupcialem
nullatenus ipsis daret, nisi se ad omnia dampna que eidem
domino Johanni, racione seu occasione dicti matrimonii seu
benedictionis venire possent.

« Qui Guido et Joh. Musardie eumdem rectorem super predictis indempnem modis omnibus osernare (?) promiserunt et
sibi reddere et restaurare omnia dampna, missiones, costamenta
et totum interesse que et quas, occasione premissorum incur-
rerit, sustinuerit aut fecerit, si aliquis super predictis ipsum
persequeretur quod absit, et super predictis peciit instrumentum.

« Presentibus Hugueneto, dicto Chappey, de Dyv., draperio,
et Villemeto de Villegaudi et Johanne [1]. »

Je n'ai pas rencontré, dans les protocoles des notaires, de

[1] *Protoc. de Othénin Aubrief* (n° 14, B, 11,242), f° 8. Chay et Paroy, ap-
partiennent aujourd'hui au canton de Quingey, arrondissement de Besançon (Doubs).

pièce ayant spécialement pour objet de constater la célébration d'un mariage, et ayant ainsi le caractère d'un véritable acte de l'état civil. Il faut en conclure que l'usage n'était pas de recourir à ce genre de preuve, et que le fait du mariage se prouvait soit par la possession d'état, soit par des témoignages compétents, soit par les registres que les curés tenaient vraisemblablement.

Rien ne s'opposait cependant à ce que la célébration du mariage fût constatée par acte notarié. M. Boudot a publié en effet deux textes qui n'ont pas d'autre objet : le premier, à la date du 28 novembre 1470, relate le mariage de dame Catherine, fille naturelle du duc Philippe le Bon, avec Humbert de Lyrieux, seigneur de la Cueille ; le second, à la date du 14 juin 1572, présente cet intérêt particulier qu'il constate, en même temps que la solennité nuptiale, la légitimation des cinq enfants naturels des époux.

« Ledit sieur curé... les a espousés et dez là a chanté la messe, les a benings soubs la toille, soubs laquelle ont estez mises lesdites Jeanne, Guillemete Marye, Françoise et Thienette Coutier, le tout selon les solempnités accoustumez en l'Eglise... [1]. »

III. — LA PUISSANCE PATERNELLE ; L'ÉMANCIPATION.

Nos jurisconsultes se sont demandé si la puissance paternelle était reconnue dans l'ancien droit français. Laurière a mis ce point hors de contestation : il est certain que la puissance paternelle avait pour effet d'attribuer au père la propriété des biens acquis par le fils en puissance. Le texte suivant de l'auteur du Grand Coutumier est décisif :

« Un laiz ou don, qui est faict à mon enfant étant en ma puissance, vient à mon profit, au cas toutesfois que le don ou

---

[1] Recueil précité, p. 5 et 10.

laiz ne seroit causé pour apprendre à l'école ou pour le marier :
et encore si la cause cessoit, ledit laiz ou don reviendroit à
moy, par la coustume de la prévôté de Paris [1]. »

Le même auteur cite un acte du Parloir aux bourgeois, de
l'année 1293, non moins formel : « Il fut répondu, registré, té-
moigné et accordé de eux, que les enfans demeurans avec le
père ou avecques la mère, se ils font auscuns acquêts, ils sont
ceux au père ou à la mère, sans contredire par la coustume de
Paris [2]. »

Le président Bouhier attribue les mêmes effets à la puissance
paternelle et multiplie les exemples qui ne permettent pas de
douter qu'en Bourgogne elle était reconnue. Les termes mêmes
de la coutume, les dispositions des anciens coutumiers publiés
par le même auteur, qui attachent à l'émancipation certaines
conséquences, supposent évidemment que le principe de la puissance paternelle était admis dans la province : « Les enfans de
quatorze ans puet estre ses sires et ester en jugement, se il tient
feu et lieu, jà soit ce que son père vive [3]. »

Ce texte a été ainsi traduit dans les *Consuetudines generales
antiquæ* :

« Major quatuordecim annis pater-familias reputatur et in
judicio esse potest, si tenet focum et locum, etiam patre vi-
vente [4]. »

Si l'établissement des enfants hors du domicile de leurs père

---

[1] Cité par Laurière sur Loisel, liv. I, tit. I.

[2] *Idem.*, Coutume de Paris, art. 240. Bouteiller réserve au fils en puissance ce qu'il a gagné par son industrie. *Somme rurale*, liv. I, tit. LXXV.

[3] Anciennes coutumes, tit. III, art. 18.

[4] V. Bouhier, t. I, p. 139, 181. La seule difficulté était de savoir quelle
devait être la durée de la séparation de domicile pour faire cesser la puissance paternelle. Bouhier fixe ce terme à dix ans ; Bannelier, dont l'opinion me paraît plus conforme à l'esprit du droit coutumier, le fixe à l'an
et jour (Bouhier, I, p. 494).

ot mère constituait une émancipation tacite, à plus forte raison décidait-on que le mariage produisait les mêmes effets [1]. Enfin l'émancipation expresse pouvait résulter d'un acte solennel constatant la volonté du père et celle du fils. Les protocoles des notaires en fournissent de nombreux exemples, et cet usage subsista jusqu'au dix-huitième siècle.

Le fait le plus considérable que l'on puisse citer à cet égard est l'acte d'émancipation par lequel le duc de Bourgogne, Hugues IV, mit hors de sa puissance le prince Robert son fils, avant de lui faire une donation entre-vifs du duché en 1272.

« Il commença par l'émanciper pour le mettre en état de jouir de ses revenus, ce qu'il fit le samedi après la Saint-Luc de la même année... [2]. »

« Nos, Hugo, dux Burgundiæ, notum facimus, etc., quod Robertus miles, filius noster, petiit emancipari a nobis, seu liberari a patriâ potestate, etc. Nos vero, etc., et ipsum præsentem et emancipationem acceptantem legitime emancipamus et liberamus a sacris seu a patriâ potestate [3]. »

Tel était le droit commun. Laurière cite les lettres par lesquelles le roi de France Charles le Bel autorisa Charles de Valois, son oncle, à émanciper son fils Louis âgé de sept ans (en 1325). Les termes de ce texte semblent calqués sur le droit romain [4].

L'histoire de Bourgogne en offre un autre exemple. Le duc Philippe le Hardi et la duchesse sa femme avaient fait, en 1401, le partage de leurs domaines entre leurs trois fils, Jean, comte de Nevers, Antoine et Philippe. Afin de les mettre en état de ratifier ces traités et de jouir de leur portion, il fut jugé néces-

[1] Loisel en a fait cette maxime : « Enfans mariez sont tenus pour hors de pain et pot, c'est-à-dire émancipés, » liv. I, tit. I, XXXVIII.

[2] Dom Plancher, *Hist. de Bourgogne*, t. II, p. 36.

[3] Analysé par Bouhier, t. I, p. 488.

[4] *Glossaire du droit français*, v° EMANCIPEZ.

saire d'émanciper ces trois princes. Le duc obtint des lettres
patentes du roi de France qui lui en conféraient l'autorisation.

L'émancipation de Jean et Antoine, rapporte dom Plancher,
se fit devant le prévôt de Paris; celle du prince Philippe se fit
dans l'hôtel du duc à Arras, le 27 novembre 1401. Puis, comme
il n'était âgé que de neuf ans, il fut pourvu de deux tuteurs et
curateurs, par le bailli d'Amiens, le 28 avril suivant [1].

L'acte d'émancipation était passé, en général, par-devant les
officiers du bailliage ; il semblerait même résulter des expres-
sions trop absolues de l'historien de Bourgogne que les princes
souverains eux-mêmes ne croyaient pas pouvoir s'affranchir de
la comparution en jugement.

Bouhier rappelle quelles étaient les formalités en usage.
« Dans un formulaire de pratique qu'a dressé, il y a plus d'un
siècle, un lieutenant général au bailliage de Châlons, il est dit
que toutes émancipations d'enfans nobles doivent se faire par-
devant les lieutenans au bailliage, et en frappant l'enfant sur
la tête ou à la joue, après avoir dit qu'il est mis hors de la puissance paternelle et jouit de ses droits. J'ai vu un pareil acte de
l'année 1511 où il est dit seulement que le père, tenant les
mains de ses enfants entre les siennes, les a émancipés et mis
hors de sa puissance [2]. »

Les actes consignés dans un protocole constatent en général
la demande d'émancipation formulée par le fils, la déclaration
du père devant le magistrat compétent, une donation qui est
causée *in præmium emancipationis*. Le cérémonial est plus ou
moins expressif et a pour objet d'accentuer et de traduire aux
yeux la séparation des intérêts des deux parties.

---

[1] Dom Plancher, t. III, p. 181. C'est par erreur que cet historien rapporte que l'émancipation de Philippe fut faite devant le bailli d'Amiens.
Il résulte du texte de l'acte publié aux preuves que ce magistrat nomma
les tuteurs et curateurs du jeune prince.

[2] T. I, p. 491.

Le plus ancien que j'aie rencontré est de l'année 1338.

« Anno domini m°ccc°xxxviii°, sabbati post festum beati Martini hiemalis, comparentibus in judicio coram nobili Haymone de Dompnapetrâ, locum tenente venerabilis et discreti viri magistri Johannis Aubrieti, cancellarii Burg., Jacobo de Loicher, ex unâ parte, et magistro Johanne, ejus filio, ex parte alterâ, dictus Jacobus volens dictum mag. Johannem ex suâ potestate emancipari, ipsum filium suum per manum nobis tradidit, et a sacris vinculis et nexibus relaxavit, dans eidem potestatem vendendi, mercandi, acquirendi, testamentum condendi, etc. Et dedit ei in præmium emancipationis omnia bona, hereditagia et mobilia, que habet, habere potest, in villâ et finagiis de Comblanchien, usufructu quamdiu ipse et uxor sua, mater dicti M. Johannis vixerint, sibi salvo penitus et retento, etc.

« Discretus vir mag. Pinot, clericus, jurisperitus, et D. Petrus de Corbigneyo, canonicus domini ducis [1]. »

L'acte suivant, du 23 septembre 1341, constate l'émancipation donnée par un père à deux de ses enfants à la fois.

« Comparentibus in Judicio coram nobis Joh. Aubrieti, de Dyvione, cancellario Dyv., die dominicâ post Mattheum, anno m°ccc°xli°, Guidone dicto *le Daamet* de Talento, volente Johannem primogenitum et Villemetum, ejus liberos, ex potestate emancipare, ex unâ parte, et dictis Joh. et Vill. petentibus a patre emancipari, ex alterâ ;

« Dictus Guido, liberos tenens per manum, ipse emancipavit et a sacris nexibus et vinculis patrie potestatis exemit, nihil retinens in eosdem præter amorem filialem. Dat eisdem potesta-

---

[1] L'acte est du 20 décembre, *Protocole* de H. Poissenot, n° **8**, f° **30**. Cf. un acte analogue, f° 25, à la date de l'année 1355. Le chancelier de Bourgogne était Jean Aubriot, oncle du fameux prévôt de Paris H. Aubriot, et qui mourut évêque de Châlon. Comblanchien, canton de **Nuits**, arrondissement de Beaune (Côte-d'Or).

tem acquirendi, testandi, vendendi et omnia quæ pater-familias
potest, etc. Et in præmium emancipationis dat dictis liberis
suis, etc...

« Cui emancipationi nos ponimus auctoritatem nostram et
decretum nostrum[1]. »

La donation faite à l'occasion d'une émancipation paraît
avoir constitué une clause essentielle de l'acte, car elle est quelquefois d'une faible importance. Elle signifiait sans doute que
le fils de famille était désormais en position de prendre un domicile séparé et de se suffire à lui-même. C'est ce qui paraît
résulter de l'acte suivant, en date du 30 octobre 1355.

« Mag. Petrus, Physicos, Dyv. commorans, physicus, eman-
cipat ultimum filium suum, clericum, ipsum tenens per
manum, more solito, in presentiâ venerabilis et discreti viri
dom. Hugonis Poisseneti, locum tenentis vener. et discr. viri
dom. Roberti de Lugneyo, cancellarii Burg., et in præmium
emancipationis filio suo dat perpetuo unam eminam frumenti
et unum florenum flor. boni auri et justi ponderis, et dictus
locum tenens dicte emancipationi auctoritatem suam jure posuit.

« Perrenetus de Roncheri, dom. Stephanus de Tardo, presbiter, et Petrus Jobeleti de Tardo, et Guillelm. Raymondi, clericus.

« Die veneris ante festum omnium Sanctorum, circa horam
nonam, anno LV[2]. »

Mais dans d'autres cas l'émancipation était accompagnée
d'une donation de quelque importance, surtout lorsque, comme
dans le texte suivant, elle avait lieu à titre rémunératoire, ou
à l'occasion du futur mariage de l'émancipé.

« Morix d'Acceaulx, demorant audit lieu, d'une part, et Monin
Morix, son fils, d'autre, confessent que comme lidis Monin, par

---

[1] *Protocole*, f° 169. Cf. un acte de la même année, f° 145. Talant, canton
et arrondissement de Dijon.

[2] *Protocole*, n° 14.

bonne diligence et grosse poine qu'il a eue en faisant le profit commun dudit Morix, sa femme et ses enfans en temps passé, qui a esté et est encore bien profitauble à iceulx; et de présent, lidis Monin se est chargié de petis enfans qui ne pouvoient plux entendre audit proffit commun des dessus dis Morix, sa femme et leurs enfans;

« Lidis Morix demet des maintenant lidis Monin de sa puissance et auctorité, et li donne tout puissance que *pater-familias* ha, puet et doit avoir pour faire son fait et son profit en toutes choses tant en marchandises vendre comme eschanger, acheter, debs, obligations, gouvernement de bestes, de faire tous contraulx, traités, testamens, achas, obligations, en son nom particulier, raison, profit et par toutes autres voies que de droit et de costume homme estant en sa puissance et franche liberté puet et doit faire; et, pour le bénéfice de émancipation, etc. » (Suivent la donation d'une maison et de sept quartiers de pré, et divers arrangements pour les payements des dettes et des créances communes, etc.)

On remarquera cette particularité que le fils en puissance avait pris à sa charge l'éducation d'enfants sourds-muets; il serait intéressant de savoir s'il s'agissait de jeunes frères ou sœurs ou de parents malheureux ou d'enfants étrangers [1].

L'acte suivant, du 30 avril 1363 et rédigé en français, peut être utilement rapproché des textes précédents : le rédacteur fait parler directement le père de famille.

« A tous ceulx qui voirront et horront ces présentes lettres, nous, Guillaume de la Palu, lieutenant de noble et saige homme Mess. Hugues de Broisses, chevalier, bailli d'Ostung et de Moncenis, façons savoir que, en notre présence por ce personnellement estaubliz, noble homme messire Hugue, sire de Monetoy

---

[1] Août 1392. *Protocole* de P. Barbier (n° 91), f° 62.

par soy, d'une part, et Philippe, fils d'icelli messire Hugue, par soy, d'autre part ;

« Ledit Philippe requérent audit son père luy Philippe estre emancipez d'icelli son père et délivre et exunc de sa paterne poissance, liquelx Mess. Hugue, père dudit Philippe, tenant icelli Philippe par la main, icelli son filz a émencipey, exuné, delivré de sa paterne poissance, en disant audit son fils de part icelli Mess. Hugue :

« Je, Hugue, sire de Monestoy, toy Philippe mon filz re-
« quérent estre emencipey, exune et delivre de ma paterne
« poissance, emencipe, exune, delivre et met fors de ma pa-
« terne poissance, et te donne autorité, poissance et mande-
« ment espicaul de faire et exercer tous actes et tous contraulz
« que père familier et homme estant en sa poissance et fors de
« poissance de père peuet et doit faire ; requiers vous, lieute-
« nant dessus dit, ycesle émencipacion par vous estre receue et
« vostre autorité et décret en icelle par vous estre mis. »

« Et nous, Guillaume, lieutenant avant dit, en la quel pré-
sence ces chousses par la manière que dit est dessus ont été faites et dittes, ycesle émencipacion comme justement et loyau-
ment faite avons receue et recevons, et en ycelle avons mis et metons nostre auctorité et décret.

« En tesmoignage de laquel chosse, nous, lieutenant avant dit, avons fait mettre le seaul desdis bailliages en ces présentes, faites et données à la requeste desdis père et filz, le derrenier jour du mois d'avril l'an de grâce mil ccc sexante et trois. Présents, etc... [1]. »

Dans d'autres textes les parties déclarent que le fils émancipé est suffisamment âgé [2].

---

[1] *Protocole* de Gel. Simonet de Blaisy (n° 47). Dans cet acte on remarquera que le père ne fait pas de donation à son fils.

[2] Acte du 26 avril 1388, entre Petot d'Etaules et son fils (*Protocole*, n° 78).

Le plus curieux des actes d'émancipation que j'aie rencontrés constate que le père de famille met hors de sa puissance son fils et sa fille en coupant un morceau de pain en deux parties dont les enfants reçoivent la moitié.

Cette formule est la mise en action de l'expression coutumière : *mettre hors de pain et de pot*, synonyme de l'émancipation. « Les mots *celle*, *domicile*, et *pain et pot*, sont pris pour la puissance sur les enfans, et pour marquer que des enfans estoient émancipez on a dit qu'ils estoient hors de celle, ou hors de *pain et pot* [1]. »

« L'an mil CCCLXX, le darrenier jour de décembre, envoiron hore de prime, à Auxone, de la diocèse de Besançon, en la rue du Chaignoy, en l'escriptoire de moy Richar Poissenot, tabellion, venrent personnellement Perrenoz li Moissenez d'Athées, demorant à Auxone, et Villemin ses filz et Ysebelos file dudit Perrenot, liquelx Perrenoz tenait en ses mains 1 pain, et print 1 coutel et en fit douhes mitiés, et en bailla l'une des mitiés à ses diz enffans et l'autre mitié reten à ly en disant : « Par telle « menière, Villemin et Ysebelos, tenez, je vous mancipe de mes « biens mobles et heritaiges présens et advenir, et de mes « maulx et debtes auxi, et vous en desvey, et ne veulx que en « aulcune menière vous y prenez ne metctes, mas vuille que « vous faciex et pensies faire vostre meux, et je le mien sy com « bon nous sambleray. »

« Et lidiz enffans présens et acceptans en eulx le fait, ercuerent le pain et diserent : « Nous le volons ensinc, et nous en « deveitons de vous dis biens et maulx, en menière que lon ne « nous peuse riens demander de vous debz. »

« Et ensuit se mierent lun de say lautre de lay.

« Et de ce lesdiz frères et suers demand. instrument.

« *Testes* : Humbert le chassignet, d'Auxonne, sergent Mons.

---

[1] *Glossaire du droit français*, vᵉ MISE HORS DE PAIN.

le duc et de la ville d'Auxonne; et Jehan Tournet, d'Auxonne[1]. »

La maxime coutumière suivant laquelle le mariage émancipait, souffrait peut-être encore quelques difficultés dans le cours du quatorzième siècle. Il résulte en effet de certains actes que le fils marié a besoin de l'autorisation de son père pour s'obliger.

Dans un texte du 23 octobre 1371, nous voyons le chef de la famille et sa femme s'obliger en même temps que leur fils à la restitution de la dot remise à leur bru par deux oncles de cette dernière :

« Regnauldus de Mailleyo, burgensis de Auxonâ, Villemeta, ejus uxor, et Villelmus, eorum filius, *de laude et auctoritate* dicti Regnauldi..., habuerunt et retinuerunt de propriis denariis maritagii Johannete, filie quondam Villelmi de Auxonâ, uxorisque dicti Villelmi, que sibi pomissi fuerunt contrahendo matrimonium ipsorum Villelmi et Johannete, tres centum et quinquaginta florenos de Flor. auri boni, etc.; videlicet per manus Joh. Sairans, burg. de Aux. avunculi dicte Johannete, ducentos fl. de Flor., et per manus Joh. Viardi, burg. de Aux., avunculi dicte Johannete, centum et quinquaginta flor. dictor. *flor.* de quibus, etc., et ipsos confitentur posuisse et convertisse in suos usus et necessarios, etc., [2]. »

Il est vraisemblable que l'émancipation ne résultait du mariage que dans les cas où le fils de famille prenait un domicile séparé. D'ailleurs, ainsi que nous le verrons, il arrivait souvent que, dans un contrat de mariage, on stipulait une sorte d'association entre les futurs époux et les ascendants de ce dernier ;

---

[1] *Protocole* de Rich. Poissenot (nº 48, B., II, 265).

[2] Le reste de l'acte renferme constitution d'hypothèque, ou plutôt ce qu'on appelait une *assignation* de ces deniers sur certains immeubles désignés. *Protocole,* nº 48, B., II, 265, fº 161. Mailly, canton d'Auxonne, arrondissement de Dijon.

dans cette situation, l'obligation de restituer les deniers de la
dot de la jeune femme ne pouvait sans doute être contractée
par le mari que du consentement de son père qui s'y obligeait
en même temps.

La même communauté d'intérêts peut nous servir à expli-
quer le texte suivant, du mois de novembre 1369, et dans lequel on voit un mari obtenir l'autorisation de son père pour
donner à sa femme son propre consentement à l'effet par cette
dernière d'accepter la succession de sa sœur :

« Monot Richars, de Dijon, marcheans, donne licence, autorisation, etc., à Regnaulx son fil, de faire les chauses ci-après
escriptes, et ledit Regnaulx, comme auctorisé de son dit père,
donne auximent licence, etc..., à Ysabel sa femme, fille de feû
Hugue de Flavigney, etc... » Suit la déclaration de celle-ci re-
lative à la succession dont il s'agit.

Par un acte postérieur le même Monot Richard donna à son
fils tout pouvoir de plaider au sujet de la même succession [1].

La conséquence rigoureuse de la règle suivant laquelle le
mariage emportait émancipation, eût été que l'enfant marié,
établi hors du domicile paternel, fût considéré comme étranger
à la famille et ne pût réclamer, par la suite, aucun droit à la
succession de ses ascendants. On appliquait ce principe aux
filles dotées de père et de mère, lorsqu'elles avaient des frères ;
si, au contraire, la famille ne se composait que de filles, elles
venaient toutes au partage de la succession de leurs ascendants,
à la charge de rapporter ce qu'elles avaient reçu en mariage.

« *Item,* il est de coustume à Dijon que les femmes mariées
de père et de mère ne prannent riens en l'escheoite don père ne
de la mère, se eles ne sont toutes filles, etc., [2]. »

---

[1] *Protocole* de A. Ét. de Faanay (no 54).
[2] *Des costumes esprovées à Dijon,* etc., dans Bouhier, t. I, p. 190. Cf.
coutume de Bourgogne, tit. VII, art. 21.

En résumé, d'après le droit commun, l'émancipation résultait soit d'une déclaration faite devant la justice, soit de l'établissement des enfants hors du domicile de leurs père et mère, soit de leur mariage. Ces principes sont rappelés dans un passage peu remarqué de Beaumanoir :

« ... Li pères et le mère... poent metre lor enfans, à le mesure qu'il vienent en aage, hors de lor main et hors de lor pain et de lor pot et de lor mainburnie, ou par ans, ou par mariage, ou par envoyer les servir hors d'antor aus, ou par doner lor partie de terre dont il se chevissent sans fraude... »

L'intervention de la justice et de la famille n'était nécessaire, suivant Beaumanoir, que dans le cas où l'un des ascendants de l'enfant était décédé :

« Nos disons que si le père ou le mère le met hors d'entor soi et lor baille tout ce qui lor est venu, de par le mort, en muebles et en heritages, sans retenir, il sont hors de mainburnie et de le compaignie. Et qui le fet en ceste manière, il le doit fère par justice ou par les amis de ses enfans [1]. »

IV. — BAIL ET GARDE.

Le décès du père ou de la mère donnait naissance à des relations nouvelles entre l'enfant mineur et l'ascendant survivant; en principe, le mineur restait dans l'advourie ou mainbournie de son père ou de sa mère, en vertu de la puissance paternelle, jusqu'à sa majorité qui était, en Bourgogne, de quatorze ans pour les mâles, de douze ans pour les filles. Mais l'administration du patrimoine échu au mineur n'appartenait pas de plein droit au survivant des père et mère. On distinguait le bail ou garde et la tutelle.

---

[1] Chap. XXI, *De compaignie*, §§ 20, 21.

Le droit féodal paraît avoir exercé sur le droit coutumier bourguignon une influence prépondérante. En principe, lorsqu'une succession féodale était dévolue à un mineur, le *bail*, c'est-à-dire le service du fief, appartenait au plus prochain héritier du côté dont le fief venait [1] ; mais la personne du mineur était confiée à un autre parent, dans la crainte que le collatéral gardien du fief n'attentât à la vie de l'enfant pour recueillir sa succession. Il n'y avait d'exception qu'en faveur du père ou de la mère survivant, que son affection naturelle mettait à l'abri d'un pareil soupçon.

Ces maximes ressortent nettement du texte de Beaumanoir :

« En quele manière que fief viegne as enfans sous aagiés, soit en descendant, soit d'esquéance de costé, li baus apartient au plus prochain du lignage as enfans. »

« Quant pères et mère ont enfans et li pères muert ou le mère tant solement, et il y a fief de par le mort, cil qui demeure, soit li pères soit le mère, a le garde des enfans et du fief qui de par celi qui est mors vient... [2]. »

Or cette dernière règle souffrait, dans l'ancien droit bourguignon, une exception remarquable qui a disparu de la coutume réformée : je lis en effet dans les anciennes coutumes latines publiées par Bouhier, art. CVI :

« Si unus homo habet filios et unus eorum sit pubes, ille habet avoeriam aliorum liberorum, et non pater vel mater. »

« Si uns homs hay enfans, et il y ait hoirs aaigiés, li hoirs aaigiés hay l'avouerie des autres, non pas li père, ne li mère [3]. »

---

[1] D'après l'ancien droit féodal, le seigneur prenait la garde du fief échu au sous-âgé en même temps que l'administration de sa personne ; plus tard, il choisit parmi les parents du mineur celui qui lui paraissait le plus propre à assurer son fief ; enfin s'établit la règle qui confia ce service au plus prochain héritier. (Laurière sur Loisel, liv. I, tit. IV, règle 1.)

[2] Chap. XV, *Des gardes as enfans*, §§ 5, 10.

[3] Coutumes anciennes, art. XXXIII, dans Bouhier, I, p. 186, 188.

Cette singulière disposition, ainsi que nous le verrons, explique
certains actes que l'on rencontre dans les répertoires des anciens notaires ; malheureusement, elle est peu développée dans
les vieux coutumiers et semble contredite par d'autres dispositions qui attribuent au père et à la mère survivants le bail de
leurs enfants mineurs... Cette exception en faveur de l'aîné des
enfants s'expliquerait d'ailleurs par l'influence du droit féodal
pur, ainsi que je l'ai remarqué. En effet, la succession du père
ou de la mère appartient aux enfants ; le frère aîné pouvait
être présumé avoir plus d'intérêt à l'administration des biens
de ses frères, dont il était le successible, que l'ascendant survivant, qui n'y avait aucun droit éventuel. On aurait appliqué
même à la succession roturière la règle féodale suivant laquelle
la garde des mineurs et de leurs biens appartenait au plus
proche héritier.

Je n'ai rencontré qu'un petit nombre de textes concernant les
droits du baillitre ou gardien noble, dont il convient de nous
occuper d'abord.

En principe, le gardien noble ou baillitre avait droit de per-
cevoir les fruits des biens féodaux ; il gagnait les meubles échus
au mineur sans en rendre compte, et réciproquement il était
obligé d'assurer le service du fief, d'acquitter toutes les dettes
de l'enfant et de subvenir à son entretien.

« Se aucuns nobles homs a enfans de sa femme et elle
meure, le père gaingne les meubles ; mais il doit ez enfans
rendre leurs héritaiges en bon point, et les doit acquitter de tous
debts. Tout ainsi est-il de la mère, se le père muert ; car elle
aura le bail de ses enfants et le gouvernement, et gaingne les
meubles [1]. »

L'article suivant donnait les mêmes droits aux parents colla-
téraux.

[1] *Anciennes coutumes du duché de Bourgogne*, tit. III, art. ix.

En présence de ces règles absolues, le père de famille ne pouvait disposer du bail par testament en faveur d'un étranger ni priver le baillitre coutumier des avantages attachés à sa qualité.

Tout au plus pourrait-on admettre que l'on aurait suivi la volonté du testateur en ce qui concernait la garde de la personne même du mineur.

Un acte du 9 septembre 1349 nous fournit un exemple d'un tuteur désigné qui demande à relever le fief échu à une fille mineure, tandis que le plus proche parent de celle-ci, qui se trouvait être en même temps le seigneur suzerain, repousse cette prétention. Eude d'Etaules était décédé, laissant la tutelle de sa fille Marguerite à Eude de Vantoux. Celui-ci se présente, assisté de son conseil, chez Jean Pétot, écuyer, pour faire le devoir féodal ; le suzerain répond qu'il est lui-même investi du droit de bail, en sa qualité de parent du défunt.

« Anno domini M CCC XL nono, die XXII mensis septembris, apud Stabulas, in domo Johannis Pestot, scutiferi, in aulâ ipsius domus, domino Odone de Vantoux, milite, ex unâ parte, et dictus Johannis Pestot de Stabulis, ex alterâ, cui dictus miles per vocem Johannis Viviani de S^to Juliano dixit verba que sequuntur :

« Jehans, il est véritez que Mess. Eude d'Estaules, cheva-
« liers, est aulez de vie à mort et de li est demorée une fille
« que l'on appelle Marguerite, à laquelle li diz Mess. Eude par
« testament hay donner tutour le dit Mons. Eude de Vantoux,
« et liquelx Mess. Eude d'Estaules tenoit doudit Jehan en
« ladite ville d'Estaules aucunes chouses doudit Jehan Pestot,
« et comme tutour de laditte fille, ycelles chouses que lidiz
« Mess. Eude tenoit lidiz sires de Vantoux offroit à faire son
« devoir et à repanre par la menière qu'il estoit de costume,
« et que se lidiz Jehans de respondre ne estoit avisiez, que
« s'an avisest. »

4

« Liquel Jehans respondit que il n'avoit mie de consoil de
« recevoir ledit seigneur en sa foy comme tutour de ladite fille,
« quar il ne devoit mie estre tutour, mas apartenoit la tutelle
« de ladite fille audit Jehan comme li plux prochains dou li-
« naige doudit Mons. Eude d'Estaules. »

« Super quibus dicte partes pecierunt fieri publicum instrumentum, etc. Frater Petrus de Ponde, prior de Vallis beate
Marie, Johannes Viviani, Stephanus d'Orieres, scutifer... [1] »

Dès le 23 août précédent, Jean Pétot s'était présenté devant
l'abbé de l'église Saint-Etienne pour y rendre le devoir féodal
du chef de la même mineure, à raison de certaines choses tenues en fief de ce monastère par le défunt.

« Die dominicâ ante Bartholomeum, xxiii die augusti, in
monasterio Sancti Stephani, scilicet in aulâ altâ domini abbatis,
ipso domino abbate, ex unâ parte, et Johanne Pestot de Stabulis,
scutifero, ex alterâ, personaliter constitutis, predictus Johannes
dixit et asserit : «Quod dominus Odo Pestot de Stabulis, miles,
« nuper decesserat, relictâ ex eo quâdam filiâ, qui dictus Odo,
« dum vivebat, a dicto domino abbate tenebat in feodum ali-
« quas res, et quod ipse Johannes, ipsius filie tutor legitimus,
« tanquam proximior de genere dicte filie ex illo latere a quo
« res predicte movebant, qui (?) appareret, existebat, quare se
« presentabat dicto domino abbati ad fidelitatem faciendam,
« nomine tutorio quo suprà, de rebus predictis. »

« Qui dominus abbas protestando quod eum non reciperet in
predictum jus hereditarium, et ipsius domini abbatis et alieno
jure salvo, dictum Johannem, nomine jure suis ad ejus osculum,
ut moris est, in fidelitatem suam et homagium recepit de pro-
missis ; super quibus petiit utraque pars instrumentum, etc. [2]. »

[1] *Protocole* de Huet de Salon (n° 21, B., II, 246), f° 41. Etaules, canton et arrondissement de Dijon.
[2] *Protocole* de J. Curtiler (n° 22, B. II, 228), f° 37.

On trouve dans ce texte une application particulière du droit des fiefs, suivant laquelle les baillitres entraient en foi, en leur propre nom. Personne ne pouvait le faire au nom du mineur, « parce que les mineurs qui n'ont pas l'âge requis ne pourroient pas la porter eux-mêmes[1]. »

Cependant les règles les mieux établies en cette matière ne pouvaient pas toujours prévenir toutes les difficultés. On a vu que, dans le principe, le suzerain avait la garde des enfants de son vassal ; lorsque ce droit fut reconnu au profit du plus proche parent de ceux-ci, le suzerain continua vraisemblablement d'exercer une certaine surveillance sur la gestion du baillitre. Il avait intérêt à ce que le fief ne fût pas amoindri, à ce que les forteresses fussent entretenues, les rentes et redevances acquittées, etc. De là des conflits entre lui et le baillitre, et des traités destinés à régler les prétentions opposées.

Un acte important de l'année 1358 nous en fournit un exemple. Eude de Saulx, seigneur de Vantoux, avait pris le bail des enfants mineurs de feu Jean d'Arc, son parent du chef de sa femme Jeanne d'Arc, et devait à ce titre subvenir à leur entretien et supporter toutes les charges et dettes. D'un autre côté, le suzerain Olivier de Jussey, sire de Rochefort, avait intérêt à ce que la forte maison d'Arc-sur-Rille fût réparée et suffisamment mise en état de défense. Une première convention était intervenue entre eux : Eude de Saulx devait prélever sur les biens des mineurs une somme de soixante florins de Florence pour subvenir à leur entretien ; le sire de Rochefort devait prélever cent florins et prendre à son compte les réparations de la forteresse.

---

[1] Voir Loisel, liv. I, tit. IV, règle 16, et Laurière sur la règle 19. On remarquera dans le texte l'expression *tutor legitimus* attribuée à Pétot d'Etaules, et la netteté des termes dont se sert le rédacteur de l'acte qui rappelle la coutume (*ut moris est*), suivant laquelle le baillitre donne le baiser en son nom et pour son compte.

Par une seconde convention, le même seigneur avait garanti
au baillitre le payement de certaines redevances en nature dues
aux mineurs par les seigneurs de Grancey et de Gransson sur les
villes de Brétigny et de Bussières, et, moyennant cette garantie,
Eudes de Saulx lui avait abandonné tous les revenus de ces deux
terres.

Enfin, par l'acte dont il s'agit, les parties conviennent que le
baillitre ne conservera que les revenus des terres de Bussières
et de Brétigny ; le sire de Rochefort percevra directement pour
son compte les rentes dues par les seigneurs de Grancey et de
Gransson. Il aura également la jouissance de la terre d'Arc et
des autres domaines des enfants avec leurs charges, à la condition de payer au baillitre pendant trois ans (qui représentent
vraisemblablement la durée du bail) une rente de trente-six
émines de grain. Enfin la somme en argent comptant de cent
soixante florins devait servir à payer les dettes de la succession.

« Comme messires Eudes de Saulx, sires de Vantoux, chevaliers[1], ebust pris et retenus le gouvernement et administration
des enfanz moindres d'aaige de feu Mons. Jehan d'Arc, seigneur
en partie de Saulon-la-Chapelle, et de leurs biens, pour ce qu'il
en devoit paier et rendre esdis enfanz, à lours créditours ou
aultrement à lour proffit, chascun an jusques à tres ans continuellement suivant, huit vingts florins de bon our, garder et
maintenir la forte maison d'Arc, paier toutes charges réelles et
aultres accoustumées en lour dite terre d'Arc, et d'autre part
appartenant à iceulx, et sustenir et deffandre en demandant et
deffendant tous lours drois à ses propres missions et despens, et
avec ce norrir et faire toux aultres fraiz desdis enfanz; et après
ce, soit heus traittié, accourdé entre ledit seigneur de Vantoux,
d'une part, et noble et puissant homme mess. Olivier de Jussey,

[1] Sur Eudes de Saulx, voir dom Plancher. *Hist. de Bourgogne.* t. II,
p. 446.

seigneur de Roichefort [1], par telle manière que lidis sires de
Vantoux devoit singlarement avoir la charge du nourrissement
et aultres nécessitez desdis enfanz, et parmy ce prenoit et im-
pourtoit devant toute euvre pour yceulx nourrissement sexante
florins de Florence ; et ledit messire de Roichefort estoit tenus
de la garde et susténement de couverture et parois de ladite forteresse, et il empourtoit devant toute euvre cent florins de Florence sur les biens desdiz enfanz ;

« Et encour, après lesdites convenances, heussent de rechef
traittié ensamble et acort que audit mess. de Vantoux, à cause
dudit nourrissement desdis enfanz, appartenessent en tout proffit
et charge touttes les rentes et revenues de Buxères et de Brétigny, appartenant esdis enfanz, par tel que lidis mess. de Roichefort devoit faire bon pour une fois audit mons. de Vantoux
les debts de XVI émines de blef que doit esdis enfanz, à cause de
ladite ville de Buxères, mess. de Grancey [2], et de huit amines
de blef par mitef froment et avene que lour doit auxi le sires de
Gransson [3] à cause de ladite ville de Bretigne, et tout le demorant de ladite terre desdis enfanz, tant à Arc comme alours,
demorra en touz proffit et charges dessus dites audit mess. Olivier, desquelles devoit acquitter entièrement ledit seigneur de
Vantoux ;

« Enssint est que, finablement après plusieurs pourparle-
mens et traittiez, accordez est entre lesdites parties, en rappel-
lant et annullant touz aultres traittiez et convenances, que lidiz
sires de Vantoux aura le nourrissement et charge desdiz enfanz, et pour ce il aura touz les proffits et yssues desdites villes

[1] Olivier de Jussey, sire de Rochefort, fut chambellan et maître d'hôtel
de Philippe le Hardi, *ibid.*, p. 355.

[2] Eudes III, seigneur de Grancey fut également chambellan de Philippe
le Hardi, *ibid.*, p. 335.

[3] Othe de Gransson, conseiller, puis lieutenant du duc de Bourgogne
dans le comte.

de Buxères et de Bretigney, ensemble les charges qu'elles, se aucunes en y ay, exceptez lesdites dues annuelles rantes des seigneurs de Grancey et de Gransson, lesquelles, ensemble sont le demorant de la terre desdiz enfanz, tant à Arc comme aileurs, seront et sunt, demorent et demourront en touz proffit et charges annuelles dessusdites audit seigneur de Roichefort, sur quoy, avec les chouses dessusdites il paieray, pour chascune desdites trois années, entre la Touxsains et la Nativité de N.-S., audit lieu d'Arc, audit seigneur de Vantoux trante cinc amines de blef, assavoir : xv amines de froment, xx d'avene des blefs dudit gaignaige d'Arc, à la mesure dudit lieu, et lesdis huit vints florins de Florence paiera ou en acquitteray lesdiz enfanz envers loursdis créanciers ; et serunt tenues lesdites parties poursuivre toutes les droitures desdis enfanz tant en demandant comme en deffandant, et tant desdis debteurs de Grancey et de Gransson comme autres quelconques es frais et missions communes[1]. »

En ce qui concerne la veuve noble, des difficultés devaient s'élever fréquemment entre elle et la famille de son mari à l'occasion de la garde des enfants mineurs et de la liquidation de leurs intérêts respectifs. Lors de la réformation de la coutume, les jurisconsultes les plus autorisés proposèrent de soumettre la veuve à un certain contrôle ; si les parents paternels des mineurs ou le plus grand nombre de ceux-ci s'opposaient à ce qu'elle prît le bail des enfants, le juge devait prononcer sur ce différend[2].

D'après le droit commun, elle gagnait les meubles et les fruits

[1] *Protocole*, n° 49.
Les localités désignées dans ce traité sont Arc-sur-Rille et Brétigny (canton de Dijon); Bussières (canton de Grancey, arrondissement de Dijon).

[2] « Pour empescher entre gens nobles que la mère ne soit bailliste de ses enfans, il suffit que tous les parens et amis paternels dissentent ou la plus grande partie d'iceux, etc. » *Cahiers dressés pour la réformation de la coutume*, art. CCXXIV, CCXXV.

des héritages ; nous voyons cependant, par un acte du 27 mars 1418, équivalant à une transaction, entre la veuve de Jean de Corbeton, écuyer, et la famille de son mari, que ces droits pouvaient être contestés. Les parents du mineur prétendaient que la mère devait partager avec son pupille les meubles provenant de la succession de son mari, et qu'elle n'avait que la qualité de tutrice. Aux termes de ce traité, on lui reconnaît la qualité de baillitre; on lui laisse toutes les valeurs mobilières actuelles ; mais on réserve au mineur les biens à venir, ainsi que les valeurs dont sa grand'mère paternelle était restée en possession.

« Aliénot, vefve de feu Jehan de Corbeton, escuier, jaidis serviteur de mess. Jehan de Vienne, chevalier, seigneur de Paigny, d'une part ; révérend père en Dieu frère Robert de Baubigncy, docteur en décret, abbé du monastère de Saint-Pol de Besançon, jaidis frère dudit feu Jehan de Corbeton, et oncle de Robert de Corbeton, jaidis enfant dudit feu Jehan, du corps de ladite demoiselle Aliénot, maistre Dreuhe Mareschal, Ysabel sa femme, Jehannote, femme Estienne Chambellant, Monin d'Eschenon, Guillemote sa femme, maistre Josse, chanoine de la chapelle de Monseigneur à Dijon, et Jehan d'Auxonne, son frère, tous parens et amis charnelx dudit Robert de Corbeton, moindre d'ans, d'autre part, lesdictes parties confessent, c'est assavoir ladite Aliénot, damiselle :

« Que, combien que par la coustume général du duchié de Bourgoigne, lui compète et appartienne en plein droit le bail et administration des corps et biens dudit Robert de Corbeton son filz, à elle demeuré du corps dudit feu Jehan son mari, et pour ladite cause tous biens meubles demeurez du décès dudit feu Jehan lui doivent demeurer et appartenir seul et pour le tout, et tous aultres biens meubles quelsconques qui audit Robert, moindre, pourroient advenir par succession et autrement,

tandis qu'elle sera balistre dudit Robert et qu'il sera moindre
d'ans, sans ce que lidis Robert y puisse ou doye demander ou
requérir ou autre pour lui aucun droit;

« Lesdis frère Robert et autres parens dudit moindre disans
au contraire, pour plusieurs causes qu'ils allégeoient sur ce et
qu'elle ne devoit estre que seulement tuctrice et légitime admi-
nistrateresse dudit son filz, et par conséquant que la moitié
desdis biens meubles demeurés du décez dudit feu Jehan de
Corbeton devoient compéter et appartenir audit Robert, ensemble tous autres biens qui lui pourroient venir par succession
et autrement; et aussi que les biens qui sont présentement
soubz et ou gouvernement de Jacobte, mère dudit feu Jehan de
Corbeton, en la ville de Poiseul, près de Saint-Romain, devoient demorer à icelle mère ;

« Finablement traicté est et accordé entre lesdites parties,
pour éviter et eschevir dépens et touz procès qui sur ce se pourroient faire en la manière qui s'ensuit, c'est assavoir que du
consentement desdis parens et amis dudit Robert, moindre,
considérens en ce son proffit, se sont consenti et par ces présentes consentent que ladite Aliénot, sa mère, soit et demeure
balistre et légitime administratrise des corps et biens dudit Robert, en telle manière que tous les biens meubles estans en estre
présentement où qui soient[1], et parmy ce ycelle damiselle Aliénot demoure chargié de paier tous debts que devoit lidis feu
feu Jehan de Corbeton son mary, au temps de son trespas, en
quelconque manière qui soient dehuz, en acquictant du tout
envers tous créanciers ledit Robert son filz moindre, et avec est
tenue de norrir ledit Robert et icellui instruire et faire aprandre

---

[1] Le texte présente ici une omission importante ; d'après le sens général de cette transaction, on peut affirmer que la veuve baillitre conserve à titre définitif toutes les valeurs mobilières provenant de la succession de Jean Corbeton.

science féalement bien et convenablement, comme il appartient et selon ladite général coustume, de faire cultiver, maintenir et laborer les héritaiges d'icellui Robert bien et louhaullement, selon icelle coustume, et de paier les charges durant le temps de son administration, et à lui rendre à la fin dudit bail ;

« Duquel accord dessusdit, ladite Aliénot est contente et se charge de le fere et adcomplir, et en oultre veult et se consent que tous les biens qui seront à avenir audit Robert quels qu'ilz soient, par succession ou autrement, soient audit Robert ou à ses hoirs, sens ce que icelle Aliénot y ait ou puisse demander, chaloingier ou réclamer aucun droit, part ou portion, tant à cause d'icellui bail et administration comme autrement, à quoy elle renonce quant à ce, et lesquelz biens, quand li cas y adviendra, seront mis par léal inventaire et bailliés à l'un des prochains parens et amis dudit Robert, par l'advis des dessusnommez ses parents ;

« *Item,* que tous les biens estant en l'ostel de ladite Jacobte sa grant'mère, demeurent et demeurront en tel estat, senz ce que ladite Aliénot les en puisse traire, tant comme icelle grant'-mère vivra, à laquelle grant'mère icelle Aliénot est tenue de maintenir son estat, sa vie durant, selon son dit estat ;

« Promettent lesdites parties, chascune en droit elle, lesdis accors, traicté et convenances suivre et tenir fermes et estables, et les adcomplir senz contrevenir, etc., obligent, etc., renuncent, etc. ;

« Discrète personne et saige maistre Richart de Chancey, licencié en lois, bailli de Dijon, mess. Hugues de Falan, prestre curé de... Guill. Pillot, et Huguenin Thiberant, dem. à Dijon.

« Le xxviie de mars mil cccc et xviii[1]. »

Dans un acte du 9 juin 1354 nous trouvons une application de la règle suivant laquelle l'aîné de plusieurs frères devenait

---

[1] *Protocole* de Jean le Bon et autres (n° 141, et B., II, 331), f° 174.

leur tuteur de préférence à la veuve, à moins que l'on ne suppose que celle-ci avait été judiciairement privée du bail, ou qu'il était d'usage que la mère baillitre, avant de prendre cette qualité, traitât du payement de son douaire avec ses enfants.

Quoi qu'il en soit, nous voyons figurer dans le contrat dont il s'agit la veuve du chevalier Richard de Montferrant et ses sept enfants, dont l'aîné prend la qualité d'*avoué* de ses frères et sœurs.

« Anno LIIII°, die IX mensis junii, Odoz de Montferrant, filz de feu Richart de Montferrant, chevalier, afferme que pour le droit dou douhaire de madame Agnel de Cusancey, femme doudit mons. Richart, il en son nom, en tant comme il li toiche, et comme avohers de Guill., Symon, Jehan, Nycholas, Aalips et Clémance, moindres d'aige, anfans et hoirs pour le tout, ensamble ledit Odot doudit mons. Richart, baille, cede et outroie à ladite dame et promet asseter et assigner, bailler et délivrer à icelle, pour tenir et posséder à sa vie comme chouse de douhaire, XL livrées de terre, lesqueles il promet asseoir et assigner franchement et quittement de toutes charges et debz, et oblige sur les chouses que il et sesdiz frères et suers hont, puent et doivent havoir comme hoirs doudit mons. Richart, lour père, en la ville ou finaige et es appartenances de Poilley en Bassigney.

« Derechef lidiz Odoz, en nom que dessus, promet bailler et délivrer à ladite dame la moitief de tous les acquez, fais par ledit mons. Richart et ladite dame, le mairiage durant entreux, franchement de touz debz, et oblige et promet faire lettres semblables sus les chouses dessusdites à ladite dame, soz le scel dou roy, à la requeste de ladite dame.

« Et promet cez chouses faire tenir et garder esdis moindres et faire louher si tost com il vindront en aige parfait [1]. »

On trouvera dans le traité suivant de précieux enseignements

[1] *Protocole* de Jean Curtiler (n° 22, B., II, 228).

concernant l'administration de la veuve baillitre et les garanties
destinées à sauvegarder l'intérêt des mineurs. Le gain des meubles, ainsi que nous l'avons vu, est assuré à la baillitre, même
remariée, à la charge de payer les dettes ; les immeubles du
mineur sont visités par des délégués ; les parents et amis assis-
tent au règlement de ses droits et déclarent sa majorité. J'en
extrais les clauses les plus essentielles :

« L'an mil trois cens quatre vins et deux, le xII^e jour du mois
d'aoust, en la présence de honorables, saiges et discrètes personnes M. Nicolas de Tholon, chantre d'Ostun, chancelier de
Bourgoigne, maistre Richart Bouhot et M. Jehan le Moul, con-
seillers de mons. le duc de Bourg., par l'advis, conseil et délibéracion de Jehan de Lugny le June, Jehan de Mipont, P. de
Broindon, Estienne de Broindon frères, escuiers, amis charnelx
de Huguenin de Monestoy, escuier, aaigé à présent ;

« A esté traictié entre ledit Huguenin, d'une part, et Robert
de Flavigny, escuier, lui faisant fort et prenant en main pour
damoiselle Agnès de Blaisey sa femme, d'autre part ; lesquelx
amis charnelx dudit Huguenin avoient esté appelez par-devant
le bailli de Dijon, juge ordinaire desdites parties, pour veoir
décerner ledit Huguenin estre aaigé et hors de bail, tutelle et
gouvernement, ouquel il avoit esté de sadite mère et dudit Robert, à cause de ladite Agnès, sa femme, ont été traictées et ac-
cordées entre lesdites parties les choses qui s'ensuivent ;

« Premièrement, que pour ce que ledit Huguenin a esté au
gouvernement de sadite mère, et par ainssi, selon la coustume
du pays, ladite Agnès et Robinet ont eu et doivent avoir les
fruis et les meubles dudit Huguenin, tous meubles, debtes et
fruis, jusques au temps de la déclaracion de son dit aige, seront
et demeureront audit Robinet et à sadite femme, etc... et parmi
ce ledit Robert... est et sera tenuz de acquitter et acquittera
ledit Huguenin de touz les debz en quoy il estoit tenuz avant

ladite déclaracion et le rendra quitte d'iceulx, selon la costume du pais... »

Une convention spéciale concerne la visite des immeubles :

" « Lesdites parties ont accordé et accordent, par l'advis, conseil et délibéracion que dessus, pour aviser les réparacions des maisons et aultres choses dudit Huguenin : Jehan de Maxilley, Chastellain de Pontailler et Guichart de Saint-Seigne, escuier, ou aultres qu'il pourront mieulx avoir des parens et amis dudit H..., descendront sur les lieux dudit Huguenin, c'est assavoir à Saint-Seigne-sur-Vingeanne, et ordonneront des réparacions qui y seront à faire... et semblablement devers Monestoy et ailleurs en lieux dudit H..., se descendront et ordonneront comme dessus, etc.[1]. »

Le règlement définitif des intérêts des parties se trouve dans un autre acte du mois d'août 1384, qui renferme une décharge générale de la tutelle[2].

V. — TUTELLE ET CURATELLE.

En Bourgogne, la garde bourgeoise proprement dite, telle qu'elle se pratiquait sous l'empire de la coutume de Paris, était inconnue. Le père survivant restait légitime administrateur de ses enfants mineurs et devait compte des meubles, mais il faisait les fruits siens[3].

La veuve ne devenait tutrice que par autorité de justice, et dans le cas seulement où son mari n'avait pas disposé de la

---

[1] *Protocole* de Guill. Girard (n° 72, B., II, 285), f° 125.

[2] *Ibid.* (n° 78, B., II, 286), f° 79.

[3] L'article 56 de la coutume est ainsi conçu : « Et aussi le père est légitime administrateur des corps et biens de ses enfants ; et après le trépas de sa femme prend les biens de sesdits enfants par inventaire, et demeure obligé de rendre les meubles et héritages à sesdits enfants, quand ils seront en âge suffisant et séparés de leur dit père, en faisant les fruits siens, etc. »

tutelle par testament ; elle pouvait la refuser ; elle devait compte des meubles et des fruits. Tels sont les principes généraux.

Nous trouvons, dans les actes reçus par les notaires, des traces de l'antiquité de ces usages, que le temps néanmoins a quelque peu modifiés.

L'acte suivant a pour objet une sorte de disposition à cause de mort par laquelle le père de famille désigne le tuteur de ses enfants.

« Perroz Roquilloz de Faanay, considérant la bonne amour et affinitey que Jehan li gardiens de Dijon, père de Johannote, femme dudit Perroz, a envers lui, sadite femme, Regnaut, Guiote, Perrenote et Jehan leurs enfans, moindres d'aaige, veult et ordonne dez maintenant que ou cas qu'il yra de vie à tres-passement de la présente maladie qu'il a et souffre, li diz Je-hans li gardiens ait le gouvernement, tutèle et administracion des corps et biens des diz ses enfans moindres d'aaige, jusques ad ce qu'il soient aaigiez.

« Et veult lidiz Perroz que lidiz Jehans face et acomplisse ce qui lui a enchargié pour sa darrenière volunte et ordonnance, dont il le charge et le met en sa conscience.

« Et rappelle lidiz Perroz touz autres ordonnances ou testa-mens, se aucuns en fit..., etc.

« Othenin Vaudeneaul, Jehan d'Aultrey et Martin Lenoir, demeurant à Dijon, et Guioz li Bichaudez, de Gevrey.

« Die lune post Petrum ad vincula (1378)[1]. »

Dans un acte du mois de janvier 1357 (v. st.), figure un tuteur testamentaire qui assiste au contrat de mariage de sa pupille, et lui fait un présent assez considérable.

« Jehans, fils feu Abelot dit de Bèze, de Dijon, clers, tutours et en nom de tuteur donné par testament de Phelippe Claram-bault, jadis bourjois de Dijon, à Doucette et Marguerite, filles

---

[1] *Protoc. de Guill. Girard* (nos 66 et B. 11, 284), fo 5.

doudit Phelippe, engendrées au corps de Clare, sa femme, nièce
doudit Jehan d'une part, et Jehannins de Foissey, citiens de
Trohes, pour luy et en nom de luy, d'autre; les dites parties
ou traitié de mariage à avenir doudit Jehannin et de ladite
Doucette par paroles de futur, etc...

« ..... Item, et pour la contemplacion doudit mariage, et
pour la affection qu'il ha à ladite Doucette, laquele il ha norrie
puis le trespassement de son dit père, promet encor lidis Jehans
ledit mariage solempnisey, baillier et délivrer audit Jehannin,
en nom et à cause de ladite Doucette, cent florins de Florence
et avec ce, en joiaux d'or et d'argent, jusques à la somme de
cinquante florins de Florence, etc. [1] »

Ainsi que j'en ai fait ci-dessus la remarque, il existe une sorte
de contradiction entre les dispositions de l'ancien droit coutumier bourguignon qui attribuait l'avouerie de l'enfant mineur
à son frère, de préférence à l'ascendant survivant, et les textes,
qui le plus souvent donnent la tutelle au père ou à la mère,
usage qui a prévalu et qui a trouvé place dans l'article 54 de
la coutume. Les actes qui attribuent la tutelle au frère sont
assez rares et méritent d'être cités.

Je trouve, dans le protocole du notaire Gui-Jean de Fontaine,
un exemple de ce genre : les parents du mineur décernent la
tutelle au frère, en présence de la mère non remariée de l'or-
phelin :

« Nicholaus Biseti de Mirabello, filius quondam Johannis
Biseti, tutor legitimus ut asserit Johannis fratris sui, minoris
ætatis, prout apparet per tutorium suum, cujus tenor sequitur
per hec verba :

« A tous ceulx qui verront et ourront ces présentes lettres,

---

[1] La dot de la future paraît être de 350 florins environ provenant de ses
biens paternels. Il en résulte qu'elle devait avoir en joyaux environ le
septième de la valeur de son apport (*Protoc. de Jean d'Accy*, nos 27, B. 11
254).

Othenin de Tolcenay, escuyer, baillif de Mirebel, salut. Comme
Jehan, fils de feu Jehan Bisot de Mirebel, soit demorez pupilles
et moindre d'aaige, si nay le san (pour *sens*) de governer li ne ses
biens, si nous ont requis li amis dudit moindre que sur ce nous
pervessiens de remède convenable. Et nous, enclinans à lour
requeste comme à juste, avons faict appeler les plus prochains
amis dudit moindre, c'est assavoir Odeonin, mère dudit pupille,
Melinote, suer dudit pupille, femme Jehan Petitot, de Dijon,
ledit Jehan Petitot, Hugues Pain Chaudet, et Nicholas Bisot, frère
dudit pupille, liquelx ont juré par lour serment que Nicholas
Bisot, frère dudit pupille, sera et est le plus proffitable de gouverner ledit moindre et ses biens ;

« Et pour ce, nous confians en la léaulté et sermens desdis
amis, avons baillié et par la teneur de ces présentes lettres baillons audit Nicholas le gardement et administration dudit pupille, dès la date de ces lettres jusques à IIII ans ensuigant,
liquelz Nicholas hay juré par son serment corporelment donné
sur sains Évangiles de Deu et sur l'obligation de ses biens, bien
et léaulment gouverner ledit pupille, et à li administrer ses
nécessitez, c'est assavoir vivre et vestir selon son estat, et à luy
apanre le mestier de pelecenier, le terme durant, et a promis
ledit Nicholas de maintenir la maison dudit pupille en estat, de
cultiver ses héritages ; et seront li émolumens et fruz audit Nicholas, ledit terme durant. Et est assavoir que quinze gros tournois d'argent que lidiz Nicholas devoit audit moindre sont
quittes.

« Et est faicte l'inventoire des biens mobles dudit pupille,
c'est assavoir de trois arches, esquelles lidis pupilles a la moitié,
une table, une petite coutre de plume et ung cussin. Et au chief
des IIII ans, lidis moindres auray et emporteray la moitié des
mobles dessus dit.

« Ce fut faiz en la présence des amiz dessusdiz, Hugues de
Roigelain, Jaques de Besançon, Andriot le Costancel et plusieurs

autres tesmoins ad ce appelez, le mardi devant saint Luc évan-
géliste, l'an de grâce mil CCCLXXI.

« Dictus tutor..., etc. [1] »

Bien plus, nous lisons, dans un acte postérieur au précédent,
que la tutelle pouvait être déférée à un étranger, en présence
même de la veuve, mère des pupilles :

« L'an MCCCLXXIX, le mercredi jour de Sainte-Croix (3 mai),
par devant Odot Lorcenour, Jehan Grant, Jehan Sauvaigeot,
eschevins de Talant, séans pour jugement à hore de prime, Jehannote, femme fu Alardot Robin de Talant, Guiot Brocard,
Perrenot Bertheaul, Henry Bertheaul, Aliot le Bienvenuet, Eliot
fils le Bienvenuet, Jehan Portepais, Girart de Gircencey, tous
parans et amis charnels de Huguenin et Aliot, moindres d'aaige,
enfans de ladite Jehannote, du corps de feu ledit Alardot Robin,
ont voulu et consenti et juré par lour sairement que Simonot
de Maulain est li plux convenable à estre tutour et curatour des
dis moindres et de lour biens, liquelx Simonot ay esté éleus par
les dessus dis, et fait le serment en la main des dis eschevins
que bien et léaulment il gouverneroy les dis moindres et lour
biens, etc. [2] »

Les deux actes qui précèdent sont passés devant des magistrats
qui reçoivent le serment du tuteur : le suivant est reçu par un
simple tabellion de village. Il est vrai que, parmi les témoins,
on rencontre le prévôt du lieu ; mais cet officier public demeure
étranger à la substance de l'acte et ne fait aucun acte d'autorité.

---

[1] Suit l'acte par lequel le tuteur place son frère et pupille en apprentissage pour six ans chez un pelletier de Dijon. Mirebeau, chef-lieu de canton de l'arrondissement de Dijon. *Protoc. de G.-J. de Fontaine* (n° 62, B. 11,
271), f° 56.

[2] Au mois de février suivant, le tuteur se présente devant les échevins
et se fait autoriser, de l'avis des parents de son pupille, à vendre une
vigne dont le prix est destiné à payer une dette due à des juifs et à des
lombards du duché de Bourgogne. *Protoc. d'Aubertin de Saulxurete*
(n° 69).

« A tous ceulx qui verront et orront ces présentes lettres, sachent tuit que, en la présence de moy Odot T., prestre, tabellion de la Marche pour madame de Pesmes et dudit lieu de la Marche, est venue Arambour, fille feu Jehannot le Maignen de la Marche, suer de Estevenot Labbe de la Marche, et demorant à Plombières, et suer de Vincent, frère auxi dudit Estevenot Labbe, auxi de Jehannot le Roppin de la Marche, cosin plus prochain dudit Estevenot ;

« Je, ladite Arambour, du loux consent et auctoritey de Jehannot Lalorier, mon mari, à ce estant à présent, nous sommes consentus et consentons, ensemble ledit Jehannot le Roppin que ledit Vincent, nostre frère et cosin, ait le bail et gouvernement des enfans à nostre frère et cosin fu Estienne Labbe, et vuillons que tout ce qu'il en ferat soit tenus ;

« Auxi lidit Vincent nous ait jurié par son sairement sur sains Évangiles de Dieu de bien et léalment gouverner lesdiz enfans ;

« Pourquoy nous nous sommes consenti que ledit Vincent eust le bail et gouvernement.

« Donné à la Marche le second jour de novembre (1383), soubs mon signet manuel et nostre scel.

« Présents : Estienne Agnelot, prévost de la Marche et Jehannot Le Chenillot dudit lieu[1]. »

Mais, en général, le soin de pourvoir les enfants mineurs d'un tuteur appartenait aux magistrats municipaux : dans l'acte suivant, que l'on peut considérer comme un type des plus complets, on voit le maire de Dijon présider la réunion d'un nombreux conseil de famille. Il reçoit le serment des parents qui le composent. Ceux-ci délibèrent, désignent comme tuteur et curateur l'aïeul des enfants. Le maire lui confère la tutelle et les pouvoirs qui y sont attachés, lui fait prêter serment et désigne

---

[1] *Protoc. de G.-J. de Fontaine* (nº 79). La Marche, canton de Pontailler, arrondissement de Dijon.

le clerc qui dressera l'inventaire des biens appartenant aux trois enfants mineurs qui sont confiés à leur grand-père.

« A tous ceulx qui verront et orront ces présentes lettres, Richard de Chancey, licencié en loys, conseiller Mons. le duc de Bourgogne, maieur de la ville et commune de Dijon, salut :

« Savoir faisons que l'an de grâce mil cccc et quatre, le xxiiii\ :e jour du mois de décembre, maistre Hugue Morel, Vasselin de la Pissine, Jehan Poissenot, Hugote sa femme, Regnaul Richier, maistre Aubert de Fleurey, maistre Jehan son frère, Perrenot Poissenot, Jehan Moisson, Marguerite sa femme, maistre Pierre de Jaleranges, maistre Hugue le Vertueux, Jehan Chambellan, Regnaul Ayme, Ysabel, femme Josset du Halle, Hugote, suer de feu Millot de Léry, Marguerite, femme de feu ledit Millot, Emart de Lich, et Marguerite sa femme, parens et amis charnelx et voisins comme l'on dit Prenote, Guienot, Jehan et Alixand, moindres d'ans, frères et suers, enfans de feu ledit Millot et de feu Guillote, jadis sa femme, et fille dudit Jehan Moissenot, sont venus en jugement à Dijon par devant nous, lesquelx y estoient adjourney audit jour pour veoir fere les choses cy-après escriptes, et nous ont requis que : comme lesdis Prenote, Guienot, Jehan et Alixand soient moindres d'ans et ne soient de tel sens ou discrecion quilz puissent ou sachent eulx ne leurs biens garder, norrir ne gouverner, ne leur droit requérir, demander et poursuir leurs causes, deffendre et maintenir en la manière qu'il appartient, nous iceulx moindres voulsissions maintenir en la manière qu'il appartient, et à iceulx moindres voulsissions donner et décerner ung et proffitable tutour et curatour, l'un d'eulx ou aultre, tel que par eulx seroit advisier au proffit desdis moindres, pour leurs corps et leurs biens garder, norrir et gouverner, et leurs drois requérir, demander et poursuir, et leurs causes deffendre et maintenir envers et contre tous, en la manière que en tel cas appartient;

« Pourquoy nous, inclinans à leur requeste, comme juste,

iceulx avons fait jurer aux sains Évangilles de Dieu que bien et léalment ilz esliroient ung bon et proffitable tutour et curatour ausdis moindres, l'un d'eulx ou aultre tel que bon leur sembleroit, pour les corps desdis moindres..., etc.

« Et après ce, les avons fait traire à part pour eslire entre eulx ledit tutour et curatour, lesquelx parens et amis et voisins, eu sur ce leur advis et délibéracion, sont retornez par devers nous et nous ont raporté judicialment tous ensemble d'un commun assentement en leurs léaultez et consciences que ledit Jehan Poissenot, grant-père desdis moindres, sera bon et proffitable tutour et curatour ausdis moindres, et ainsi l'ont esleu entre eulx.

« Et pour ce, nous, oy sur ce l'advis, délibéracion et élection desdis parens, amis et voisins, nous, de nostre auctorité ordinaire et du consentement et volenté desdis parens, amis et voisins, avons institué, ordonné, créé et establi, et par ces présentes instituons..., etc..., ledit J. Poissenot, tutour et curatour ausdis moindres, pour leurs corps et biens garder..., etc..., auquel tutour et curatour nous avons baillié et délivré, et par ces présentes baillons et délivrons la charge et gouvernement des corps, biens et causes d'iceulx moindres ;

« Liquel J. Poissenot en a pris et accepte en soy la charge, et a juré aux sains Évangilles de Dieu et soubs l'obligacion de tous ses biens présens et advenir quelconques, de bien et léaulment garder, norrir et gouverner les corps et biens desdis moindres, etc..., et de pourchacier le profit d'iceulx moindres et éviter leur dommaige de tout son povoir en tous cas;

« Et pour ce nous à icelli tutour et curatour avons donné et donnons par ces présentes plain povoir, auctorité et mandement especial desdits moindres et leurs biens norrir, garder et gouverner..., etc..., de faire partage et division des biens desdis moindres avec toutes manières de gens, et généralment de faire toutes et singulières choses en tel cas appartenantes, etc..., les biens desquels moindres, qui par deu inventoire qui s'en fera par J. Guienot, clerc commis ad ce dessous et lequel nous y commettons par ces présentes, lui seront bailliés, lequel tutour et curatour sera tenuz et a promis par sondit serment et soubs l'obligacion que dessus d'en rendre bon et léal compte où il appartiendra quand mestier sera et requis en soit.

« Et afin que ce soit chose ferme et estable, etc. [1] »

La veuve qui se remariait ne perdait pas la tutelle de ses enfants : tel était le principe reconnu par la coutume de Bourgogne (art. 57) :

« La femme qui est baillistre, administeresse ou tutrice de ses enfans, quand elle se marie après le trespas de son mari, ne perd point ladite baillisterie, administration ou tutèle de ses enfans à elle demeurés de son mari trespassé. »

Telle était la tradition attestée par l'ancien texte latin de la coutume publiée par Bouhier :

« Maritagium matris non auffert ab eâ tutelam liberorum suorum. »

On lit de même dans la compilation des anciennes coutumes :

« La mère ne perd point le bail, suposé qu'elle aille aux secondes nopces. Ne fait aussi la femme non noble, et ne perd pas la tutelle de ses enfans par les secondes nopces [2]. »

L'intérêt des mineurs, lorsque leur mère se remariait, était de voir fixer à une somme déterminée le montant de leurs droits mobiliers dans la succession de leur père. Pour plus de garantie, le prix en était débattu et arrêté par un traité passé entre la mère et les parents paternels des enfants, ainsi qu'on le voit par l'acte suivant :

« Johannez Quarrez, à cause de Jehannote sa femme, fille

---

[1] *Protoc. de J. Dubois de Verrière* (n° 115 *bis*, B. 11, 356).
[2] Tit. III, art. 13.

fuit Jehannot Andriot, de Lanthenay, Marguerite, femme Besançon de Fouvans, bouchier, suer de ladite Jehannote, lour
facens fors pour Berthiot Andriot leur frère, parans et amis
charnels plus prochains de Marguerite et Jehan, moindres
d'aaige, enfans de feu Jeoffroy de Lanthenay, corduanier, jadis
frère desdits Marguerite, Jehannote et Berthiot, procréez dou
corps de Gérarde, fille de feu Jehan Chauchart, femme future
de Jehan, filz de feu Jehan Lambelot de Sacunnay, corduanier,
considérans sur ce le proffit desdis moindres pour lesquels ils
se font fors, etc., cèdent et renuncent perpétuelment esdiz Girarde et Jehan, mariez advenir, tous les biens meubles et debs
advenus escheuz et appartenans esdis moindres à cause de la
succession de feu ledit Geoffroy leur père, parmi la somme de
vint francs d'our. Et parmi ce qu'il seront tenuz de paier touz
debtes en quoy lidis Jeoffroy povoit estre tenuz à quelque personne que ce soit par le temps de son trespas et en acquitter
lesdis enfans envers touz..., etc. [1] »

La mère préférait quelquefois se décharger de toute responsabilité, en remettant à un tiers les valeurs mobilières appartenant à ses enfants. Tel est le sens d'un traité passé entre une
nommée Perrenete, veuve de Guillaume Soirans, qui annonce
l'intention de contracter un nouveau mariage, et son frère Jean
Soirans, qui reçoit de la veuve une somme de 400 florins appartenant à ses trois enfants mineurs :

« Perreneta, filia quondam Thome Soirans, de Auxonâ, re-
« licta que Villelmi Soirans, de Auxonâ, asserando se recepisse
« et habuisse de bonis mobilibus remansis à successione felize
« recordationis dicti Villelmi, spectantibus Johannete, Belete et
« Andrieto, liberis suis et quos habuit de semine dicti Vill.,
« videlicet quater centos florenos de Florenciâ, auri boni et

---

[1] Acte du 21 avril 1372. *Protoc. de G.-J. de Fontaine* (n° 62, B. 11,
271), f° 4.

« justi ponderis, à domino Andreâ Soirans, de Auxonâ, presby-
« tero, Johanne Soirans et Hugone Dayre, de Auxonâ, executo-
« ribus testamenti bone memorie dicti Villelmi, ex unâ parte,
« et Johanninus Soirans, ejus frater, ex alterâ parte :

« Faciunt inter se ad invicem pactiones que sequuntur, vide-
« licet: quod propter hoc quod ipsa Perreneta, orbata à domino
« suo viro, intendit cum alio viro maritare, quapropter ipsa
« tradit et deliberat dictos quater centum florenos eidem Jo-
« hannino fratri suo, tanquam meliori amico et consanguineo
« dictorum liberorum, in se obligando sicuti se obligat, et ipsa
« Perreneta, et prout continetur in litteris super hoc confectis,
« sub sigillo curie domini Ducis Burgund., et quos quater cen-
« tum florenos de Florentiâ dictus Johanninus confitetur se
« habuisse et recepisse a dictâ Perrenetâ, et de quibus, etc.
« Promitt. dictus Johanninus reddere et solvere dictis liberis,
« quando erunt in etate legitimâ vel quandocumque ipsos con-
« tigerit maritare secundum rei exigenciam, et acquitare dic-
« tam P. Et Johannes Viardi, de Auxonâ, in quantum premissa
« sibi tangunt aut tangere possunt, in futurum se consensit.
« Promitt. oblig. renunc. — Test. dom. Andreas Soirans, de
« Auxonâ, presbyter, et Joh. Soirans.

« VIII die mensis maii (1366) [1]. »

Dans d'autres circonstances, ainsi que cela résulte d'un acte
du 29 août 1399, nous voyons une mère traiter avec sa fille
mineure, assistée d'un de ses parents, comme elle le ferait avec
une étrangère : elle la prend en apprentissage et s'oblige à lui
payer, à l'expiration du terme de six ans, une somme de 6 francs,
sur laquelle somme 5 francs représentent les droits de l'orphe-
line dans la succession de son père prédécédé.

« Guillemote, fille de fu Jehan Dieu le fit, de Dijon, du corps
de Jehannote, sa femme, de l'autorité de Simonin le frepier de

---

[1] *Protoc. de Rich. Poissenot* (n° 48, B. 11, 264), f° 54, v°.

Dijon, son plus prochain parent charnel, ad ce présent, etc., se
commande, etc., dès la date de ces présentes jusques à six ans
après continuellement suivant à ladite Jehannote, sa mère présente et retenant, etc., pour aprendre la science de cousture
de draps, linges, et pour la servir licitement, etc.; pour et parmy
ce que ladite sa mère lui administrera, ledit terme durant,
toutes ses nécessitez, etc., selon son estat, à ses missions et despens, et en la fin dudit, lui paiera pour une fois six francs
d'or, etc., et parmy les paiant, elle demourera quitte principa-
lement de cinq francs qu'elle luy devoit pour son droit des biens
demourez de fu son dit père, contenuz en lettres de Lengres, de
certain traictié fait entre ledit Simonin et elle, receu le XXIIe jour
de décembre l'an mil CCCLXXXXVIII, lesquelles sont reconneuz
par le présent de nule valeur quant auxdis cinq francs tant seulement...

« Ou cas que ladite mère se mariroit et que sondit mari ne
volet soffrir ladite fil, ladite mère seroit tenue la mettre à aultre
maîtresse et li administrer comme dessus [1]. »

Dans un acte du 27 janvier 1360, (v. st.), la mère-tutrice de
trois enfants en bas âge, prend l'engagement de les entretenir aux
écoles et de les nourrir pendant six ans. Elle reconnaît leur
devoir une somme de 180 florins, qui représente la part des mineurs dans les valeurs mobilières provenant de leur père ; elle
s'engage à payer les dettes de la communauté et à administrer
convenablement les immeubles propres de ces mêmes enfants [2].

[1] *Protoc. de P. de Donmartin* (n° 102).
[2] « ... Debetque dicta Catharina tenere ad scholas dictos liberos, vi-
« delicet masculos, et tenere omnia et singula hereditagia sua in bono
« statu, nec non debita sua solvere dictis debitoribus suis de suo proprio,
« sine diminucione aliquâ dictorum novies viginti florenorum, et cum hoc
« dictos liberos nutrire, et ad scholas tenere masculos, ut prefatum, usque
« ad sex annos a data presencium incipientes et continuo sequentes... »
Protoc. du notaire d'Is-sur-Rille, Constance Clerc (n° 15).

Un autre acte, du mois de février 1381 (v. st.), a plus spécialement pour objet la reconnaissance d'une dette de 12 francs d'or au profit d'une jeune fille mineure par sa mère, dont la qualité de tutrice n'est pas encore énoncée. Elle s'oblige à payer les dettes de l'enfant et à l'entretenir pendant deux ans.

« Marrotte, femme de M. Baquier, de Dijon, cognoit et confesse devoir à Jehannote sa fille, moindre d'aaige, a ley demorée du corps de feu ledit Hugue, la somme de douze francs d'or, pour cause de la prisiée et extimation de touz les biens mobles demorez et advenuz à ladite fille de la succession de feu son dit père, liquelx biens ont estey partis, vehuz, tauxez et estimez à ladite somme par Aubri de Vaulx et Nicholas de Chenoves, du consentement, en la présence et par l'advis de Rich. Baquier, oncle paternel d'icelle fille... (et autres parents), ad ce présens, consentans, et les chauses dessus dites rattifians, et approuvant et lour facent fors quant à ce pour ladite moindre...., etc. [1]. »

Dans les actes qui précèdent, la mère a traité à forfait, moyennant une somme déterminée, pour remplir ses enfants de leurs droits mobiliers. Dans un acte du 7 février 1349 (v. st.), le tuteur prend l'engagement de conserver les meubles du mineur.

« Omnia bona mobilia ipsius pupilli ipso pupillo custodire... » L'acte se termine par l'inventaire des ustensiles de ménage qu'il prend en charge, et cependant on y lit en même temps que les meubles sont abandonnés au tuteur pour payer les dettes de l'enfant :

« Et debet sæpe dictus Odo habere dicta mobilia pro solvendo « debita ipsius pupilli. » Enfin, dans un post-scriptum, le rédacteur insiste sur ce point en ces termes : « Item debet solvere « debita dictus Odo ipsius pupilli. »

---

[1] Suivent les autres engagements de la mère. *Protoc. du notaire G.-J. de Fontaine* (n° 76).

Il faut nécessairement en conclure que le tuteur prendra sur les meubles de quoi payer les dettes et qu'il ne représentera à l'expiration du terme de six ans, durée de la tutelle ou curatelle, que ceux qui resteront. Quant aux frais d'entretien de l'enfant, il y sera pourvu au moyen des revenus de ses propriétés [1].

Dans ces divers traités, on remarquera que les enfants mineurs sont représentés par leurs parents paternels, qui traitent pour le compte des pupilles avec la mère tutrice. Réciproquement, lorsque les enfants ont leur père pour tuteur, il traite avec les parents maternels : il est obligé, comme le serait la mère, à garantir aux enfants la restitution de leurs valeurs mobilières, et à entretenir leurs héritages en bon état.

« Theobaldus Chaupilley, de Divione, viticola, debet Johanno
« et Amieto, liberis suis minoribus etatis, sibi ex corpore quon-
« dam Perrenete uxoris sue, quinque francos boni auri, etc.,
« ratione et ex causâ bonorum mobilium dicte Perrenete, sibi
« *ab amicis et parentibus dicte quondam Perrenete traditorum,*
« de quibus, etc.; quos quidem quinque francos dictus Theobal-
« dus vult et expresse consentit per dictos ejus liberos capi
« super omnia bona sua predicta, obligat propter hoc specia-
« liter et expressè.

« Idem confitetur dictus Theobaldus tenere et possidere,

---

[1] « ... Dictus pupillus debet cum ipso Odone personaliter residere et cum
« eodem, victum et vestitum, cum omnibus necessariis ipsius pupilli ab
« ipso Odone ministrandis, et omnia bona mobilia ipsius pupilli ipso pu-
« pillo custodire, et ipso predicta ministrare pro fructibus hereditagiorum
« ipsius pupilli. Et debet sæpe dictus Ode habere dicta mobilia pro sol-
« vendo debita ipsius pupilli... » Il importe d'ajouter que rien dans l'acte
n'indique expressément la qualité en laquelle Odon prend ces engagements : il y est énoncé simplement qu'il a été convenu entre lui et la famille qu'il devait « tenere, regere et nutrire...Villelm., filium Pernini, etc. »
Ces obligations sont celles d'un tuteur ou curateur. (*Protoc. de C. Clerc,*
précité.)

« nomine dictorum liberorum suorum et ab ipsis tanquam
« legitimus tutor, quamdam domum eisdem liberis suis perti-
« nenentem, cum pertinentiis suis, sitam Divione in vico es Ri-
« botez juxtà etc... Quam domum manutenere tenebitur dictus
« Theobaldus, quamdiu tenebit, de omnibus sibi necessariis et
« eam reddere dictis liberis suis, quam cito pubertatis ad
« etatem pervenerunt, unâ cum dictis quinque francis, vel illis
« quibus intererit, si dictos liberos suos decedere contingeret
« ab humanis, antequam pubertatis annos attingerent...., etc. »

« Die jovis post conversionem sancti Pauli, anno MCCCLXXVII[1]. »

Il pouvait arriver que les intérêts des enfants fussent en
opposition avec ceux de leur mère et du second mari de celle-ci.
Il résulte de l'acte suivant que la mère avait à exercer des
reprises sur les biens de son défunt mari ; que ces immeubles
étaient en mauvais état et qu'il était urgent de ne pas les laisser
dépérir davantage. Le mari propose soit de les acheter, soit d'y
faire les réparations nécessaires, mais à la condition qu'il en
sera indemnisé. Il interpelle à cet effet le maire et les échevins
d'Auxonne : « Vous, dit-il, mahour et eschevins, estez tenus de
pourvoir touz pupilles, etc. »

« L'an mil CCCLXX, le IXe jour de juillet, envoiron hore de
none, à Auxonne, de la diocèse de Besançon, en la rue dou
Bourg, devant la maison Jehan Morel d'Auxonne, enquin personnellement estans Guillaumes Morel, mahour de la ville et
commune d'Auxonne, Regnaul de Mailley, Thyebaul Jahannot,
Perrenot le Maire et Girar Morel, eschevins de ladite ville,
d'une part ;

« Et Jehans le Carondellers, de Dole, d'autre part :

« Lidiz Jehans disant telles paroles esdis mahour et eschevins : « Signeurs, il est véritey que j'ai prise à famme Ysebel,
« file de feu Jehan Marguenet d'Auxonne, femme de feu Denison

___
1 *Protoc. de Guill. Girard* (n° 66, B. 11, 284), f° 4.

« Ysnart son premier, douquel li sont demorez moindres et pu-
« pilles Hugues et Phélise, leurs enfans, desquelx vous lidiz Per-
« renot li Maire et Jehanote, mère de ladite Ysabel, avez la
« tuterie, advouherie et gouvernement, si comme l'on dit, et
« vous li autres, mahour et eschevins estes tenus de pourveoir
« touz pupilles ; pourquoy, je vous requier et plusieurs autres
« fois ay requis à vous ledit Perrenot et à ladite Jehanote que
« vous fetes ou feissiez que je fusse paier de six vint florins de
« Florence que lidit Denisons reçut des deniers dou mariage de
« ladite Ysabel et li assignay sus plusieurs héritaiges et maisons
« qui chesent et sont choiste en ruyne, et vous nan avez riens fait
« et que ycels héritaiges et maisons je estoye et encore suis prest
« de panre au regart de prud'hommes, et ce qu'il dirient qui vau-
« drait c florins, je voulaye panre pour c et dix, et ce qui vau-
« royt c et x, je vuil panre pour VI XX ; et se anisint ne se peut
« faire qu'il soit regardé au doit de saiges et je suis prest de lauler
« avec vous à Dijon ou autre part à mes missions le meilleur et
« le plus segur commant bonnement lesdis heritaiges et maisons
« soyent relevez, et je suis prest de les relever et mettre en estat,
« par telle menière auxi que ce qu'il me coustera au relever fust
« regardez, auxi qu'il me fust payez et esseurez et à celle fin, que
« l'on ne die pas que lidis héritaiges et maisons ne chesient par
« mon deffaut.

« Et lidiz maires et eschevins respondirent que ce compétoit
es amis, parents et tutours, et ce qu'il pourroient et devroient
faire bonnement, il le feroient velentiers.

« Et lidiz Jehans dit : « De la présentacion et des choses ci-
« dessus je vous demande instrument. »

« Tesmoins Jehan Morel, Jehan Damoisel, Besançon-Mooley
et Hugues de Mailley, d'Auxonne [1]. »

De même, une mère pouvait se trouver dans la nécessité de

[1] *Protoc. de Rich. Poissenot* (n° 48, B. 11, 264), f° 138.

plaider contre ses enfants, et dans ce cas évidemment les mineurs étaient pourvus d'un tuteur qui les représentait en justice.

C'est ce qui résulte d'un acte du mois d'avril 1358, que je me contenterai d'analyser : Clémence Viénot avait à recouvrer sur les biens de son mari décédé une dot de 90 florins de Florence qui lui avait été assignée sur une maison et sur tous les biens meubles présents et à venir. Elle présenta requête à la chancellerie afin d'être payée sur la succession paternelle échue à ses deux enfants. Par mandement de l'année 1356, un sergent avait été délégué pour saisir les biens dont il s'agit et pour assigner le tuteur par-devant le lieutenant de la chancellerie.

La saisie suivit son cours, et le sergent vendit de gages « après huis cris solennelz sur lesdiz moindres, lesdis mobles demorez en la succession dudit Perrenot (défunt), et en l'hostel de sa demorance, » tels qu'ils sont désignés dans l'inventaire.

Les biens furent adjugés à Auxonne, au père de la veuve, au prix de 60 florins [1].

Rien ne s'opposait à ce que le mineur fût pourvu de deux tuteurs : c'est ce qui résulte d'un acte du 18 mars 1381, reçu par le maire de Dijon.

« A touz ceulx qui ces lettres verront, Guy le Gelénier, lieutenant de honorable personne et saige, maistre Jacques de Latrecey, maiour de la ville et commune de Dijon, salut :

« Savoir faisons que l'an de grâce mil trois cens quatre vins, le vendredi avant le dimanche que l'on chante en sainte Église *Oculi mei*, vindrent en leurs propres personnes en jugement à Dijon, par-devant nous : Clere, femme George le Cornetier ; Sebille, femme Jehan de Chanlipte ; Jehannote femme Girard C.; Perrenote, femme Ph. le Chapuis ; Artaul de Saulx, Hugue-

---

[1] *Protoc. de Rich. Poissenot* (n° 48, B. 11, 264), f° 138.

not, Estienne Garnier, Marchant, Jehannot d'Argilley, Jehan le
Muriet, Richart Blondel et Richart Lambelin, tous parans,
amis et affins de Jehan, fils feu Demoingot Lechat, à son temps
demorant à Dijon, bouchier, orfelin et moindre d'aage, liquelx
nous ont relaté que ledit Jehan Lechat, moindre, n'a encore
sens naturel ne acquis pour lui et ses biens et drois garder et
gouverner : et nous ont requis que pour ce li voussissions pourveoir d'aucun bon et convenable tutour et curatour ;

« Pourquoy nous, enclinans à leur requeste comme juste,
avons d'iceulx pris les seremens en tel cas acostumez de bien
et léaulment eslire entre eulx ou ailleurs ung ou plusieurs tuteurs et curateurs, convenables ad ce que dict est ;

« Lesquels, trais à part, eu sur ce entre eulx bon avis et consoil, nous ont raporté, après lours dis avis et serement, que
Richart Blendel et George le Cornetier, affins dudit Jehan,
moindre, demorans à Dijon, estoient et sont les plus profitta-
bles et ydoines que ils seussent ou cas des susdis, et pour telx
les nous présentoient.

« Pourquoy nous, après l'inquisition en ce accoustumée par
nous fete, et après bon consoil, présent ledit moindre, avons
interrogé lesdis Richard et George s'ils volent accepter ladite
tutelle, lesquelx l'ont acceptée, ont judiciairement en eulx prise
la charge, laquelle tutelle, à la prière desdis moindre et ses
parans et amis dessus dis, nous leur avons adjugiée et adju-
geons par ces présentes, et avons d'iceulx tuteurs et curateurs
dessus ordennés receuz les seremens en tel cas ordennés à sains
Évangiles de deffandre, guarder et procurer (?) ledit Jehan
moindre et ses biens, lesquelx et ses aultres drois ils prendront
par inventaire deu, qui se fera par le clerc juré de ladite
maierie bien loialment et diligemment, lesquelx et chascun
d'eulx nous ont ce promis et juré et pour plus grand seurté de
ce que dit est, loialment rendre, faire et exécuter, ont obligé et
obligent lesdis tuteurs et curateurs et chacun d'eulx tous leurs

biens quelxconques présens et advenir, et mesmement pour
rendre audit moindre, ou ses souffisans et certains députez, bon
et loïal compte, raison et relica de ses biens quelxconques,
selon l'inventaire et prisiée d'iceulx, et touz autres drois intro-
duz en la faveur des moindres, toutevoies non dérogeans au
lieu de Dijon, dont sont les dessus moindre et tuteurs, et obligent par ces lettres, toutefois que mestiers et raison sera; si
nous ont requis lesdis moindres et tuteurs, etc. [1] »

On voit, par un acte postérieur du 18 mars, que le mineur
dont il vient d'être question avait encore sa mère, dont il n'est
nullement question dans le procès-verbal de nomination des
tuteurs. Mais elle s'était remariée, et les tuteurs se réservaient
de traiter avec elle et son mari, pour l'administration des biens
et la garde de la personne du mineur. Ils conviennent que le
beau-père conservera tous les meubles provenant de la succession du père, à la condition de payer les dettes et de remettre
aux tuteurs une somme de 50 francs d'or ; qu'il jouira pendant
six ans d'une maison appartenant au pupille ; qu'il le nourrira
et l'entretiendra aux écoles à ses frais, pendant le même espace
de temps.

Les membres de la famille avaient ainsi la faculté de pourvoir de la manière la plus convenable aux intérêts du mineur,
sans être assujettis à des règles inflexibles. C'est pourquoi les
traités conclus à cet effet présentent une grande variété de
clauses. Nous voyons, dans plusieurs des actes précédemment
cités, que les fonctions de tuteur et celles de curateur sont
confondues et que l'une ou l'autre dénomination est indiffé-
remment employée [2].

Elles ne furent distinguées que plus tard, et l'usage s'intro-

---

[1] La fin de l'acte constate l'apposition du sceau de la mairie. *Protoc. de
Guill. Girard* (n° 72, B. 11, 285), f° 66.

[2] « Tuteur et curateur n'est qu'un, » suivant Loisel (*Inst. coutumières*,
liv. I, tit. IV, B. 5).

duisit en effet de donner un curateur au mineur qui avait
atteint l'âge de la puberté (quatorze ans pour les garçons, douze
ans pour les filles) ; ce curateur succédait ainsi au tuteur et con-
servait ses fonctions jusqu'à la majorité du pupille. Cette distinction résulte notamment de trois actes cités par Bouhier, des
29 novembre 1531, 3 septembre 1560, et du 5 octobre 1574.
Le second de ces actes suppose de plus que la majorité était
fixée à vingt et un ans [1], tandis que dans la suite elle ne fut plus
acquise qu'à vingt-cinq ans.

A la même époque, c'est-à-dire vers le milieu du seizième
siècle, il arriva que l'on adjoignit habituellement un curateur
au tuteur, et cette règle devint si générale que, « quoiqu'après
la mort de la mère, le père ait, tant par le droit que par notre
coutume, l'administration et même la jouissance des biens de
leurs enfants communs, on ne laisse pas de leur décerner aussi
un curateur de même que dans les tutelles ordinaires : ce que
nous avons pris des pays coutumiers de notre voisinage, où l'on
a subrogé le curateur en la place des cautions qu'on exigeoit
des tuteurs par le droit romain... »

Le savant Bouhier ajoute : « Que le curateur ne soit responsable, en notre Bourgogne, de la mauvaise administration du
tuteur, c'est de quoi on n'a jamais douté à l'égard du tuteur
choisi par les parents ; on en a seulement fait difficulté à
l'égard du tuteur testamentaire et du père tuteur.... [2] »

Le curateur était ainsi devenu une sorte de subrogé-tuteur :
ne pourrait-on pas reconnaître le germe de cette distinction
dans un acte du quatorzième siècle, où l'on voit une mère,

---

[1] « Deux des fils de Boulon de Chamilly avaient quatorze ans ; le juge
décida que leur mère, qu'il chargea de la garde ou baillisserie de ses enfants, la conserverait pendant sept ans ; ce qui signifie évidemment que les
mineurs auraient à vingt et un ans la libre administration de leurs personnes et de leurs biens. » Voir Bouhier, t. I, p. 468, 469.

[2] *Ibid.*, p. 475, 476.

tutrice de ses enfants mineurs, rendre compte à un curateur, expressément nommé, du mobilier échu à ses pupilles dans la succession paternelle ?

« Jehannote, fille de feu Estienne le Gruhet, de Talant, et femme de feu Cunrart Chevalier de Talant, tutrice et légitime administratresse de ses enfants cy-après nommez, cognoit et confesse devoir et estre tenue à Micheloz Chevalier dudit leu, curateur donney et décerney ez biens de Jehannote et Bonotte, enfants d'icelli Jehannote, du corps de feu ledit Cunrart, moindres d'aage, la somme de vint et quatre frans d'or, à cause de la prisiée, taxacion et estimacion des biens mobles, utis et garnison d'ostel tant solement appartenans esdis enfans à cause de lour dit père, etc... »

Dans un autre acte, on voit de même que ce curateur est donné aux biens et non à la personne des mineurs : il délivre à la tutrice les propriétés appartenant à ses enfants :

« Lidiz Micheloz, curateur donney et décerney es bien desdis enfans, baille et délivre à ladite Jehannote, leur mère, et à Odot Chevalier dudit leu de Talant (pour plus de garantie, un tiers, parent paternel, est associé à la gestion de la mère) à tenir et gouverner lesdis enfans, ensamble touz lour héritaiges dès maintenant jusques à six ans advenir... »

Les fruits appartiendront à la tutrice, à la charge d'entretenir les propriétés, de faire tailler les vignes et cultiver les terres [1].

Les qualités de tuteur et de curateur sont pareillement distinguées dans un acte du 21 février 1381 (v. st.), constatant une vente consentie au profit d'un mineur dont la mère était remariée. Celle-ci n'est pas désignée comme tutrice ; son mari est dit avoir le gouvernement de la tutelle des biens du mineur, et en conséquence il délivre la somme représentant le prix de

___
[1] Actes du 1er mai 1381. *Protoc. de G.-J. de Fontaine* (n° 76).

la vente au curateur, qui la paye au vendeur. C'est également le curateur qui stipule au nom du mineur qui achète ; d'où il faudrait peut-être conclure que ce curateur avait le gouvernement de la personne du pupille et était son véritable représentant.

« Guiot dit *de Lierche,* bourgeois de Montbart, et Guillemote sa femme, de l'autorité, etc..., vendent perpétuelment, etc..., à Aymonin V... de Pontailler, clerc, demorant à Dijon, curateur et en nom de curateur de Monin, moindre d'aaige, fille de feu Guillemin d'Echenon, drappier, demorant à Dijon, du corps de Mengart, jaidis femme dudit Guillemin et à présent femme de Henry de Morrey, drappier et bourgeois de Dijon, présent, stipulant et acceptant pour et au proffit dudit moindre et par le consentement des parans et amis dudit moindre et auctorité et décret du maiour de Dijon pour ce donné par ses lettres, etc..., les choses et héritaiges qui s'ensuivent..., etc. (Suit la désignation d'une maison et de plusieurs immeubles.)

« Et cestui vendaige font lesdix mariés, etc..., pour le prix et somme de huit cens deniers d'our, frans, du coing, etc., à eulx bailliez, paiez et délivrez pour ceste cause par ledit curatour, en nom que dessus par la main dudit Henry, aiant le gouvernement et exercice de la tutelle des biens dudit moindre, réalment et de fait, en la présence du coadjuteur et tesmoins cy-dessous escrips, etc... [1]. »

Dans la plupart des actes précédemment cités, nous avons vu que la gestion du tuteur est entourée de plusieurs garanties dans l'intérêt du mineur ; la plus générale consiste dans l'obligation de faire inventaire. Nous avons constaté à l'égard du père, dans l'acte de l'année 1377, ci-dessus transcrit, qu'il

[1] *Protoc. de Dubois de Saulxurette* (n° 69 *bis,* **B. 11,** 300), f° 18. L'acquisition dont il s'agit a lieu avec l'autorisation de la famille du mineur et celle de la justice.

oblige tous ses biens à la restitution des sommes provenant de la vente du mobilier. S'il s'agit de la mère, surtout lorsqu'elle est remariée, tantôt elle s'oblige conjointement avec son second mari à restituer le prix du mobilier vendu, tantôt les valeurs mobilières sont confiées à un tiers, curateur ou parent de l'autre ligne, et la tutrice ne conserve que la garde des enfants et l'administration des immeubles. Lorsque le tuteur est un étranger, tous ses biens sont pareillement obligés pour garantir sa gestion, et l'officier qui l'a nommé sur la désignation du conseil de famille reçoit son serment.

Enfin, dans un acte du 16 janvier 1370 (v. st.), nous rencontrons pour la première fois des cautions fournies par une mère tutrice qui conserve en nature le mobilier appartenant à ses enfants.

Cette obligation était imposée par la coutume et par l'usage à tous les tuteurs (art. 53 et·55), et Chasseneuz avoue que, pour avoir osé soutenir le contraire, il fut sifflé « comme ayant proposé une chose qui étoit contre la pratique constante du palais [1]. »

« Le XVIᵉ jour du mois dessus dit, Mabille, femme de feu Estienne Paignot, Al. Petit Maistre, comme tuteresse de Jehannote, Oudot et Villemot, moindres d'aaige, ses enfans, à ly demorez du corps dudit feu Estienne, liquelle confesse qu'elle avoit rière soy les biens mobles demorez du déceps de feu ledit Estienne, et liquelx sunt inventoriez pour le clerc de la court de la chancellerie bien et suffisammant, lesquelx biens ont estey bailliés es exécuteurs dudit feu Estienne et à elle ; liquelx ladicte Mabille promet, etc., bien et léaulment gouverner à meulx et plus proffittaublement que elle pourray, et randre bon et léaul compte toutes et quantes fois que en sera competamment et suffisamment requise, à ceulx à qui il appartiendra.

[1] Bouhier, t. I, p. 475.

« Ploiges pour elles et à sa requeste des chouses dessus dites : Huoz de Saconnay, Andrez Bertaulx, et Lambellot de Drée, tuit demorant à Dijon, costeliers, liquelx san sont estaubliz caution pour ly, etc. [1]. »

Nous pouvons induire du silence des autres actes sur ce point que, dès cette époque reculée, les parents qui avaient nommé le tuteur ou traité avec lui, en lui confiant les biens du pupille, étaient responsables de son insolvabilité, à moins qu'un curateur spécialement désigné n'eût concentré sur lui seul cette responsabilité.

Telle était autrefois, suivant Bouhier, l'usage suivi par la jurisprudence, non-seulement en Bourgogne, mais encore dans les autres parlements. Toutefois on limitait généralement leur responsabilité à la garantie de la solvabilité du tuteur au curateur, au jour de sa nomination [2].

Nous avons cité un acte par lequel le tuteur, suivant les obligations qu'il a contractées, place en apprentissage le pupille confié à ses soins. L'acte suivant est des plus complets : le tuteur remet à un tiers la garde des mineurs en même temps que l'administration de leurs biens ; or comme, parmi les enfants, se trouve une fille, son gardien s'engage à ne pas la séduire et à ne pas s'occuper de la marier.

« Johannes Arnoleti de Flureio, Div. commorans, curator et curatorio nomine Johannis et Philippe, Guioti et Ælidis, pupillorum, liberorum defuncti Perrenoti, de Joncherico, Div. commorantis, tradit per tres annos à data presentium, Guillemo, maiori de Maalain, hereditagia infrà scripta dictis pupillis pertinentia...

« Idem retentor dictos pupillos per dictum tempus tenere et habere secum debet et eos nutrire bene et sufficienter juxtà

---

[1] Janvier 1370 (v. st.). *Protoc. de Th. Espeyer* (n° 56, B. 11, 276), f° 76, v°.
[2] *Ibid.*, p. 474 et suiv.

statum illorum de omnibus ad victum, vestitum et calciamen-
tum sibi necessariis, sumptibus suis, et dictum Johannem...
tenere per dictum tempus ad scolas, et eum introduci facere
in litteris, et dictam Philippam, ejus sororem, introduci facere
in arte couturarie ; et hiis mediantibus, dictus retentor promittit quod, dicto tempore durante, ipse dictam Philippam
non subducet nec introducet ad sibi dandum maritum quo-
modo libet, nec id procurabit nisi per consensum dicti cura-
toris [1]... »

Il devait en être ainsi spécialement dans le cas où l'intérêt des
enfants, dont la mère avait contracté un second mariage, conseil-
lait de les confier à un tiers : nous en trouvons un exemple
dans un acte du 17 janvier 1353 (v. st.), où l'on voit un oncle
accepter la garde de ses neveux. Ce dernier prend le titre de
tuteur et donne décharge à sa sœur et à son beau-frère de
toutes leurs obligations.

« Je, Garniers de Bese, demorant à Dijon, tuteur, et en nom
de tuteur des moindres cidessoubs nommez, fait savoir à touz
que, comme Aalips, ma suer, jaidiz famme de feu Jehan Baudis
d'Auxonne hait ehue la tutelle, administracion et gouvernement de Huguenot et Jehan, ses enfens, moindres d'aaige, a li
demorez dou corps dudit feu Jehan son mari, et depuis elle se
soit mariée en Girart dit *Carnot de Montsaujon*, lesquels Girart
et Aalips dessus dis hont transpourtey et cédey à moy ledit
Garnier tout le droit, action, fait et raison de ladicte tutele, et
iceli transport je ha acceptey en prenent en moy le fait et la
charge de ladicte tutèle. Je, en nom que dessus, ladicte Aalips
ma suer et ledit Girart son mary quitte et délivre de tout le fait
et de tout ce en quoy elle pourrait estre tenue envers lesdis

---

[1] Acte du **28** avril **1372.** *Protoc. de A.-Et. de Faanay* (n° **54**). Les localités dénommées dans ce texte sont : Jonchery, canton et arrondissement
de Chaumont (Haute-Marne) ; Malain, canton de Sombernon (arrondissement de Dijon), et Fleurey, canton de Dijon.

moindres à cause dou gouvernement et de l'administracion de
la tutèle dessus dite, et en son nom que dessus les en promet
garder de perde, et en oblige les biens desdis moindres en tant
com je le puis faire, sauf et reservey esdis moindres tout le
droit qu'il puent avoir es joiaulx de lour dite mère ;

« Et aussi ladite Aalis quitte ledit tuteur de ce en quoy lesdis
moindres pourreient estre tenuz à li.

« Tesmoins, etc. [1]. »

Toutefois, il semble que, dans d'autres cas, le second tuteur
demeurait responsable de sa gestion envers le premier, lequel
restait, de son côté, garant vis-à-vis des mineurs. C'est du moins
ce qui résulte d'un acte du 17 mai 1354, où du reste la personne à qui le mineur est confié ne prend pas la qualité de
tuteur.

« Perinus de Ycio, apud Fontanas commorans, tutor et
nomine tutorio Johannis Pereneti et Marie, liberorum quondam
Jacobi le Moriset, de Fontanis, ex corpore Osanette, filie quondam Aubrieti le Chauchie, de Fontanis, annis minorum, asserit
quod cum ipse tradidit, nomine tutorio quo supra, predictum
Perenetum minorem Villemeto Gaudelet, de Fontanis, ad certos
annos, cum regimine bonorum ipsius minoris, ad finem quod
ipse Villemetus regeret ipsum minorem et bona sua per dictos
annos; ipse Perinus, nomine quo supra, confitetur se recepisse
et habuisse à dicto Villemeto bonum computum, rationem et
satisfactionem integram et perfectam de et super regimine et
gubernatione dicti minoris et bonorum suorum. Quare quittat
idem Perinus, nomine quo supra, dictum Villemetum pro se et
suis, super premissis et omnibus aliis que sibi petere posset
ratione premissorum in futurum, et promittit à contrà non venire, etc. Per quamcumque curiam. — Die sabbati post Cantate [2]. »

---

[1] *Protoc. du notaire Jean Curtiler* (nº 22, B. 11, 228), fº 136, vº.

[2] *Protoc. de D. Cultiler* (nº 18), fº 91, Fontaines, canton et arrondisse-

Ces recueils d'actes sont d'autant plus intéressants à consulter, qu'ils remontent à une date plus ancienne : les usages n'étaient rien moins que fixés, et l'on y rencontre les formules et les dispositions les plus inattendues. D'un côté, nous voyons un père se dépouiller purement et simplement du bail ou de la tutelle de ses enfants, comme il renoncerait à un droit ordinaire :

« Johannes de Torcennayo, domicellus, asserit quod ipse se devestit de tutelâ, curâ et advoheriâ Regnaudi et Ysabellis, liberorum suorum, quos ipse habuit ex corpore Marguerite de Blangeyo, quondam uxoris sue, dictamque tutelam, curam seu advoeriam ipsorum liberorum suorum eximit et dimittit in manu officialis Lingonensis, protestans quod per ea que deinceps faciet, ipsis liberis suis nullum possit aut debeat prejudicium generari..., etc. [1]. »

Ailleurs, c'est un jeune homme qui, le dimanche 7 mars 1422 (v. st.), se transporte devant la chapelle du château de Mirebeau et s'adresse en ces termes à son oncle :

« Oncle, vous vous estes porté mon tuteur et curateur, et pour ce, de mes besognes plus ne vous entremettés, quar je suis assez aigié pour moy gouverner et renunce à vostre curatelle et tutelle [2]. »

Le procédé était assurément peu respectueux, et il existait vraisemblablement alors une autre procédure pour réclamer un compte de tutelle et faire constater sa majorité.

On a vu, dans quelques-uns des actes qui précèdent, en quoi consistaient les droits et les obligations du tuteur ou curateur ; il avait, en principe, tous les pouvoirs d'un administrateur. C'est dire assez qu'il n'avait pas la faculté d'aliéner les biens de

ment de Dijon. Il est à remarquer qu'un seul des deux mineurs avait été confié à un tiers ; la fille était restée à la garde du tuteur.

[1] Acte de l'année 1325. *Protoc. de J. le Curtiler.*

[2] *Protoc. de Champluci* (n° 149).

son pupille. Il paraît constant, d'après le texte des anciennes coutumes de Bourgogne, qu'aucune action immobilière ne pouvait être dirigée contre un mineur ni contre son tuteur, mais que les actions de cette nature pouvaient être intentées en son nom comme demandeur :

« Lesdis moindres, dit l'article xv, ne répondent pas de héritaiges... »

Mais le tuteur avait tout pouvoir pour plaider en matière de meubles[3]. Néanmoins, si l'aliénation d'un immeuble était utile au mineur, elle était, dans ce cas, autorisée par la justice. La nécessité de payer les dettes dues par la succession du père, de libérer une propriété engagée, devait être un des motifs le plus fréquemment allégués. Une autorisation de cette nature fut donnée au nom du maire de Dijon, au mois de novembre 1364; il suffira d'en rapporter les principales dispositions :

« A touz ceulx qui verront et orront ces présentes lettres, nous, Guill. Goolins, commis quant à ce par honorable et saige sires Hugue Aubriot, baillis de Dijon et gardiens de la maerie de Dijon, pour Mons. le duc de Bourgogne, faisons savoir que Aubriz li Fourniers, demorant à Dijon, est venuz en jugement à Dijon pardevant nous en disant que, comme il se soit entremis ou temps passey de garder, administrer et gouverner Jehan, Jehannote et Henriote, moindres d'aage, enfans furent Girard Andruet, ensemble lour biens; et ycils Aubriz soit obligiez et endebtez de plusieurs sommes d'argent en nom et pour lesdis moindres envers plusieurs et certains créditeurs, esquelz il ne puest satisffaire ne auxi administrer à yceulx moindres lour vivres nécessaires, se n'est que aucune partie de l'éritaige desdis moindres soit vendue et alliénée... Mesmement que la maison

---

[3] *Anciennes coutumes*, etc., tit. III, art. 14, 16; dans Bouhier, t. I, p. 138. Une exception, qui paraît toutefois résulter de l'article 17, n'a sans doute été admise qu'à raison de la négligence du tuteur, qui aurait laissé poursuivre la procédure jusqu'au moment du jugement.

desdis moindres doibt certaine somme d'argent de conse annuelle
et perpétuelle à certain créditeur, liquelx vuest recourre à ladite
maison pour deffaut de paiement de ladite cense...

« Sur lesquelx chouses dessusdites lidiz Aubriz nous a requis
que nous recehuissions informacion, afin que ladite maison
fuist vendue...

« Pourquoy nous audit Aubriz avons donney licence de
vendre ladite maison perpétuelment au meux et plus léaulment
que pourra, etc... [1]. »

Dans un autre acte, du 29 septembre 1351, un tuteur ayant
demandé au doyen de la chrétienté de Dijon l'autorisation de
vendre une pièce de pré appartenant à ses pupilles, afin d'exercer pour le compte de ces derniers un droit de rachat avanta-
geux, procède à cette vente, à laquelle ce juge d'église met son
attache :

« Perellus Mignoz, de Malliens, tutor et tutorio nomine Johannis et Perini, annis minorum, liberorum deffuncti Hug.
Violier, loci, et Aalipdis, quondam uxoris sue, vendit perpetuo
magistro Joh. Roserii de Dyv., jurisperito, peciam prati con-
tinentem circa duas sexturas fin. de Fauverneyo en Lam-
pone, etc..., pro xix florenis auri de Florenciâ sibi solutis,
et fit hec vendicio pro reempcione faciendâ nomine dictorum
minorum et...... domorum et sex jornalium terre arabilis,
sitorum tam de Rovrâ quam de Fauverneyo, que hereditagia
Johannes dictus li baillex de Fauverneyo, frater minorum,
vendiderat pro xviii florenis Alardeto Vanneul de Fauverneyo, promitt. garantire pro onere, salvo quod unam sextu-
ram dicti prati Johannes Ferarde de Fauverneyo debet tenere
per quatuor annos continuo secuturos ;

« Que omnia facta sunt in judicio ante dominum decanum
locum tenentem ....., ad requestam dictorum venditoris et

---

[1] *Protoc. de J. Curtiler* (n° 33).

emptoris; accepit informacionem super predicta per dictum tutorem, Perinum Vanneul, et per Colardum Vanneul de Fauverneyo, qui per juramenta sua dixerunt premissa esse vera : quare predictus locum tenens in premissis apposuit auctoritatem et decretum, etc.

« Joh. Tardi de Fauverneyo et Vienetus li Destroiz loci[1]. »

Lorsqu'il s'agissait de toucher pour le mineur des valeurs considérables, le tuteur se faisait autoriser par justice à les recevoir, et le magistrat déterminait l'emploi qui devait être fait des sommes ainsi touchées. C'est ce qui résulte d'un acte du 17 avril 1358 (v. st.), par lequel un père, légitime administrateur de la personne de son fils mineur, s'oblige à acquérir au profit de son pupille des biens immeubles pour une somme de 200 florins qu'il reçoit d'un oncle de ce dernier. Faute d'avoir fait emploi de cette somme, le père déclare que son fils les prélèvera dans sa succession, avant tout partage. Cet engagement est pris envers le lieutenant de la chancellerie.

« Jaquoz, filz çai en arriers Gauthiot le Taiclet de Gray, en nom de Regnaul son fil, moindre d'aaige, procréé du corps de feu Aliote, fille jaidis de feu Girart Aliote de Monsaugeon, jaidis femme dudit Jaquoz, et comme légitime administrateur dudit moindre d'aaige, a receu en jugement pardevant nous, Hugue Poissenot, lieutenant de Mons. Robert de Lugny, chancelier de Bourg., et en la présence de Guill. Gigonier, coadjuteur du tabellion de Dijon, et des tesmoins ci-dessus escrips, de Jehan de Saulx, oncle dudit moindre, la somme de cc flor. de Fl. de bon poix, en bons florins comptez... »

(Suit la désignation d'une pièce de terre donnée en outre en payement d'une somme de 80 florins.)

« ..... Lesquelles sommes, qui montent en tout CCLXXX flor.,

---

[1] *Protoc. de J. Curtiler* (n° **22, B. 11, 228**), f° **79.** Marliens, Rouvre et Fauverney, communes du canton de Genlis, arrondissement de Dijon.

lidiz Jehans tenoit et avoit en garde et en dépôt pour et au proffit dudit moindre, des biens à li escheus et advenuz par le décès de feu Guillaume, etc...

« ..... Et avec ce promet lidis Jaquoz à nous, stipulant en nom et profit dudit moindre, acquérir héritaiges en lieu franc, selon l'ordonnance dudit Jehan ou de ses hoirs, et se à sa vie il ne le fait, il veult et consent que lidiz moindres, après le décès de li, prenne avant lesdis cc florins, avec ladite pièce de terre, en partant avec ses cohoirs, ou à bailler yceulx cc florins audit moindre quant il sera aaigiez, à sa requeste..., etc.[1]. »

On voit d'ailleurs, par ce qui précède, que la somme dont il s'agit avait été confiée en dépôt à l'oncle du mineur, et que ce dernier est autorisé à en surveiller l'emploi.

Le tuteur ou curateur avait, suivant toute apparence, le droit de transiger, au nom du pupille, spécialement dans le cas où il s'agissait de traiter sur un droit non liquide, et dont la valeur serait indéterminée, telle que la réparation civile due pour un crime ou un délit.

On lit dans un acte du mois de novembre 1404, que Hanelois de Saint-Omer, gaînier à Dijon, avait obtenu du duc de Bourgogne des lettres de grâce à l'occasion du meurtre de Perrenot Loichot de Beaune. Le curateur des enfants de ce dernier transigea avec le meurtrier, moyennant une somme de 40 francs d'or, dont 10 furent payés comptant[2].

Le droit de passer un compromis est consacré par le texte suivant, où il s'agit, il est vrai, de la liquidation d'une succession intéressant le pupille ; dans ce cas, le tuteur aurait pu plaider au moins comme demandeur. Et d'ailleurs il y avait urgence à ce que des droits de cette nature fussent réglés.

« Sur touz les débaz, querelles, questions et controverses

---

[1] *Protoc. de Guill. Gigomer* (n° 28, B. 11, 255), f° 28.
[2] *Protoc. de P. Alixant* (n° 112).

meus ou esperez à movoir entre Gillot de Champaigney, demeurant à Talent, tuteur et en nom de tuteur de Huguenin Cuer de
Roy, moindre d'aaige, filz de feu Jehan Cuer de Roy, de Dijon,
d'une part, et Jehan Cuer de Roy, frère paternel dudit Huguenin, d'autre part, tant à cause de partaiges de maisons, héritaiges et autrement ; lesdites parties, volens venir à bon accort,
font compromis en amiable composition en Jehan le Vertueux
et Jehan Baudot de Dijon, comme en arbitres arbitratours et
amiables compositeurs..., etc...[1]. »

Enfin, lorsque les parties voulaient éviter soit les frais, soit
les délais qu'aurait occasionnés l'intervention de la justice dans
l'intérêt du mineur, les parties passaient outre, et les représen-
tants ou les parents du pupille se portaient forts pour lui. Il
suffira de citer les premières lignes de deux actes de vente
consentis par des individus maîtres de leurs droits, tant en leur
nom qu'au nom de leurs frères mineurs dont ils garantissent la
ratification :

« Richardus et Villelmus, liberi quondam Humberti Martini,
« de Mailleyo castro, suis nominibus et nominibus Johannis,
« eorum fratris et minoris ætatis, pro quo se fortes faciunt, etc,
« vendunt quilibet in solidum perpetuo, nobili viro domino
« Johanno de Mailleyo, militi, et suis..., etc.[2]. »

« Jehannote, femme de feu Estienne Baudot, d'Auxonne,
suo nomine, et Estienne et Jehan, enfans de feu Girardot Boy-
vin, autrement Pitol, d'Auxonne, lidis Estienne et Jehan en
leurs noms et ès noms de Jehan et Bertholomey, leurs frères
absens et moindres d'aaige, pour lesquelx quant ad ce il se
font fors et prennent en main, etc..., vendent chascun pour sa
part, etc.[3]. »

---

[1] Février 1385 (v. st.). *Protoc. de G. Girard* (n° 78), f° 206.
[2] Actes des 6 et 7 mai 1366. *Protoc. de R. Poissenot* (n° 48, B. 11, 260).
[3] *Ibid.*

Lorsque le pupille avait atteint l'âge légal et devenait maître de ses droits, il donnait à son tuteur la décharge définitive, qui le libérait de toutes les obligations résultant de sa gestion. L'acte suivant, en date du 11 mai 1378, est des plus complets sur ce point :

« Richardus, filius quondam Hug. Jarrot, de Divione, in ætate legitimâ ut asserit et perfectâ, in suâ potestate et extrâ tutelam cujuscumque existens ut asserit, quittat perpetuo dominum Dominicum Ponceti, de Dyv., presbiterum, curatum de Flureyo, avunculum suum, et ejus heredes in futurum, de regimine et gubernamento et administratione per eumdem Dom. Ponceti, hactenus de eodem Richardo et ejus bonis omnibus habitis, ac de omnibus et singulis exitibus, fructibus, commodis et emolumentis dictorum bonorum suorum ab ipso presbitero perceptis et receptis, nec non de omnibus et singulis aliis rebus, debitis, querelis, controversiis, actionibus, exactionibus, petitionibus et obligationibus quibuscumque, in quibus dictus presbiter eidem Richardo unquam teneri potuit seu etiam obligari à toto tempore retroacto usque nunc, tam ratione dicti regiminis et administrationis quam aliter; super quibus idem Richardus confitetur se habuisse et recepisse ab ipso presbitero bonum et legitimum compotum ac solutionem et satisfactionem integram, faciendo pactum de ulterius non petendo, etc., promitt., etc., obligat., etc., renunc., etc. [1]. »

Je n'ai pas trouvé dans les répertoires d'allusions à des abus qui auraient été commis par des tuteurs ou curateurs au préjudice des mineurs; toutefois il me semble difficile de ne pas considérer comme suspect et entaché de captation un acte par lequel un enfant de quinze ans fait une donation considérable à

---

[1] *Protoc. de Guy Jean de Fontaine* (n° 71).

son oncle, en rémunération des bienfaits qu'il en a reçus, notamment pour son *nourrissement* [1].

« Therriot, qui fu filz Moingeart le Poissenère, de Dijon, en l'aaige de quinze ans passés, si comme il afferme par son sairement, non décehus et non contrains en aucune manière, etc...

« Confesse que, pour pluseurs agréaubles services... que à li ay faiz Guillaume le Poissenère de Dijon, ses oncles, tant pour le nurrissement que lidiz Guillaume ly ay administrés en temps passey et encor li administreray en temps advenir, et le mectray à l'escole, en rémunération des chouses dessusdites, lidiz Therioz dès maintenant cède et transporte en la personne dudit Guillaume ung debt de IIII** florins esquelx Jehan Daube, tixerant, demorant à Dijon, est tenus audit Therriot..., etc. [2]. »

Il est difficile d'admettre que, même après avoir atteint la majorité légale, un enfant de douze à quinze ans pût disposer, en toute liberté et sans contrôle, de ses biens. Aussi voyons-nous, dans un acte du 8 mai 1395, un garçon de quinze ans traiter avec l'assistance de son père de la cession de sa part dans une succession litigieuse qui lui était échue.

La première partie de ce traité est ainsi conçue :

« En nom de N.-S., amen, l'an de l'incarnacion d'icellui mil trois cens quatre vins et quinze, le huictiesme jour du mois de may, je, Andrieu, fils de Valon Constant de Faanay, etc..., affirmant par mon serment au notaire publique et coadjuteur dessoubs escript avoir et estre en aaige de quinze ans et plus, et néentmoins, aient licence et auctorité à moy donnée pour faire et dire le vendaige et les convenances qui cy-après s'ensuivent, dudit Valon mon père ad ce présens, etc... »

[1] Ce mot signifie que l'enfant a été élevé chez son oncle, très-probablement en qualité de pupille.

[2] Acte du 29 août 1374, extrait du protocole d'Aub. de Sacquenay (n° 61).

L'acte se termine en ces termes :

« Et je, Valon Constant dessus escript, père dudit vendeur, présens et consentans au vendaige et cession et aux autres choses dessus dites, si comme par luy cy-dessus ont esté faites et dites, sur icelles et pour icelles par lui ainsi estre et avoir esté faites et dites, je à icellui mon filz ay donné et octroié, donne et octroye par ces présentes pouvoir, licence et auctorité, ensemble mon assentiment. Et néentmoins, je afferme par mon serment au notaire publique et coadjuteur cy-dessoubs nommé ledit Andrié mon filz estre aaigié souffisamment de quinze ans et de plus... [1]. »

Dans un autre acte du mois de novembre 1375, on voit une veuve donner à sa fille, âgée de quatorze ans, l'autorisation de s'engager pour huit ans au service de deux époux :

« Perrenote la Rabiote, de Jussey-sur-Ouche, jadis femme de Monin le Rabiot, dudit lieu, et Jacquette, leur fille, d'une part; et Monin le Courbe, parcheminier, et Jehannete, sa femme, demorans à Dijon, font convenances de service ensemble en la manière qui s'ensuit, c'est assavoir que ladite Perrenote loue

---

[1] Il m'a paru intéressant de transcrire en outre l'une des clauses de cet acte, par lequel le jeune vendeur se met au service de l'acheteur pendant trois ans aux conditions suivantes :

« ... Et est traictié et accordé entre moy et ledit Andrié, acheteur, que, parmi et moyennant ce présent vendaige, avec le pris d'icellui dessusdit, icellui acheteur me doit et a promis tenir es escoles à ses despens en son hostel, par trois ans, et à moy administrer pour le temps et terme d'iceulx trois ans mon vivre et despens de boiche, vesture et chauceure, et toutes choses ad ce nécessaires, bien et convenablement selon mon estat, et paier les salaires des maistres qui me introduiront, pourveu que, durant ledit temps et terme d'iceulx trois ans, je enseingnerai et introduirai, selon mon petit entendement, menerai et conduirai es escoles de Dijon lis enfans dudit Andrieu, si et touttes fois qu'il li plaira, bien et léalement de tout mon pooir et savoir. Et à icellui Andrieu je servirai et obéirai en temps deu, ledit terme durant, en ce et en toutes autres choses licites et honnestes qu'il me volra commander et ordonner,.. » *Protoc. de Aleaume de Clenleu* (n° 96, B. 11, 289), f° 36.

et commande ladite J. sa fille, estant en son gouvernement, combien que elle soit en aaige suffisant de XIIII ans passez, si comme elles afferment par lours sermens, et aussi ladite Jeha-nette, aaigiée comme dit est, de l'auctorité et licence de sadite mère, en quel gouvernement elle est, etc... [1]. »

VI. — AVOUERIE, TUTELLE DES INCAPABLES.

Les mots *advouerie, mainbournie* étaient à cette époque syno-nymes de garde et protection, et comportaient en général la vie en commun, avec jouissance, au profit du mainbour, des biens de la personne confiée à ses soins. Aussi ces termes étaient-ils em-ployés pour exprimer l'assistance due par les enfants à leurs parents devenus infirmes ou que le besoin mettait dans la né-cessité de leur demander des secours. Dans ces divers cas, un traité était passé entre le père ou la mère et ses enfants : ceux-ci prenaient l'engagement de recueillir dans leur domicile et d'entretenir pendant le reste de ses jours l'ascendant qui s'a-dressait à leur affection. Celui-ci leur faisait l'abandon du reste de ses biens, avec ou sans réserves.

Les deux exemples suivants sont des plus simples et ne com-portent aucune observation ;

« Lambelin Rouhey d'Estevaulx, demorant à Dijon, se met dès maintenant, sa vie durant, au gouvernement et advouherie de Guiot son filz, custurier demorant à Dijon. ..... C'est assavoir que pour ce que lidis son filz li doit administrer toutes ses né-cessités de vivre, vesture, chaucehure, etc., et faire le fait de son enterrement, ledit Lambelin baille dès maintenant en per-pétuité à son filz touz ses biens présens et advenir, tant mobles comme héritaiges, sans riens en retenir ou réserver à li ne ez

---

[1] *Protoc. de P. de Layer* (n° 66 *bis*, B. 11, 288), f° 1, v°.

siens; et tout ce auxi qu'il fera de ci en avant conserver (?) au profit de sondit fils, etc.

« Et ou cas que lidis filz iroit de vie à trespassement devant sondit père, lidis père emportera pour lors les biens qu'il monstrera avoir avecques sondit filz, et ses héritaiges, en l'estat qu'il seront. Oblige, etc... [1]. »

« Gillote, femme de feu Lorent de Des, demor. à Plombère, se met dès maintenant en gouvernement et advouherie de Hugue, son filz du corps dudit Lorent, demorant audit Plombère, sa vie durant. C'est assavoir :

« Que, pour ce que sondit filz li promet administrer toute nécessité de vivre, vesture, chaucehure, etc., paier touz ses debs et faire le fait de son enterrement (c'est la moitié de l'enterrement seulement), elle dès maintenant li baille tout son droit de touz acquest fais par feu sondit mary et elle en temps passey, et autres quelconques; item son droit d'une maison, mes et appartenances d'icelle essise à Plombère, sur la rivière... Item, son droit de deux pièces de vigne, etc., etc. (Suit l'énumération de diverses propriétés.)

« Pourvehu que, ou cas que son filz iroit de vie à trespassement devant elle, que lesdis héritaiges li retournent. Et auxi, s'il alloit de vie à trespassement sans hoirs de son corps, après elle, que il retournent à la droite ligne. Oblige, etc... [2]. »

Dans l'acte suivant, il est en outre expressément convenu que la vie en commun de la mère avec ses enfants et le mélange de leur mobilier n'engendrera aucun droit au profit de la mère. Les parties préviennent ainsi les effets qu'eût produits ce que l'on appelait jadis *les sociétés taisibles* entre personnes qui mettaient en commun leur travail et leurs biens. Cette réserve

---

[1] *Protoc. d'Aubertin de Saulxurettes* (n° 91, B. 11, 316), f° 112. Acte du 9 décembre 1392.

[2] Acte du 24 novembre 1392 (*ibid.*, f° 132). Plombières, canton de Dijon.

était d'autant plus nécessaire que les parties s'étaient réunies avant de rédiger leurs conventions, et que l'association tacite avait pu produire quelques effets dans le passé [1].

« Jehannote, femme de feu Jehan Maulechart, de Blaisey, considérans et attendu que, comme elle soit fleble de corps et malateuse, et qu'elle ne puet ovrer ne gaignier don elle pehut convenaublement avoir sa vie ; considéré auxi la très-petite faculté de ses biens, lesquelx ne li puent aidier à suporter à sa nécessité, ainssois se autrement n'estoit pourvehue, la conviendroit mendier, volans pourveoir à sadite vie, considérans auxi les bons et aggréaubles services et bien fais que li ont fais au temps passey et fais de jour en jour Bertos Arbelot de Montoiche, demorant à Des, et Marguerite sa femme, fille d'icelle Jehannote du corps dudit Jehan, et mesmement pour ce que yceulx mariés seront tenus dores en avant administrer à ycelle Jehanne toutes ses nécessitey de vivre, vesture, etc., le plux doucement que il pourront, tant en meladie comme en santey, sa vie durant, en leur hostel avecques eulx ;

« Ycelle Jehanne donne dès maintenant, baille et délivre auxdis mariés tous ses biens mobles présens et advenir ; et demorera avec eulx sadite vie durant, et les promet obéir, etc., faire et procurer lour profit et honour, sens ce que par quelconque demorance que elle face avecques eulx, elle puisse acquérir aucun droit de communion ne autre avecques eulx ne en lour biens.

« Et en oultre ladite Jehanne quitte perpétuelment lesdis mariés et chescun d'eulx de tous actions, droits, querelles, questions qu'elle ha, puet et doit avoir et que à li puent compéter envers et contre lesdis mariés et chascun d'eulx pour quelconque cause que ce soit, et mesmement pour raison de la demourance

_____

[1] Acte du mois de mai 1393 (ibid., f° 151). Les localités désignées dans l'acte sont: Mantoche, arrondissement de Gray (Haute-Saône), et Daix (canton de Dijon).

qu'elle ha fait aveoque eulx en temps passé. Lesquelles choses
elle vuelt et promet adumplir et non contrevenir, etc... »

Lorsque les parents avaient quelque raison de se défier de
l'affection de leurs enfants, ils faisaient des conventions semblables soit avec des parents plus éloignés, soit avec des étrangers.

L'acte suivant, en date du mois de septembre 1366, constate
à la fois une donation faite par un père de famille à ses cousins,
et les raisons qui le déterminent à en exclure son fils et sa bru,
qui l'avaient repoussé et maltraité.

« Villemoz Maulechar, de Dijon, affirme que, considérez la
floiletez (faiblesse) de son corps et ce qu'il est mortel, endebtez
envers plusieurs de diverses sommes de deniers, dont il est en
sentence d'excommuniement, dont il ne se puet oster, por sa
pouretey ; pour ce qu'il puisse satisfaire à ses créanciers et retenir de ses biens de quey il puisse vivre, mesmement que ses
héritiers sont en descors, et que il soit fuer de sentence et en
estat de crestien [1] ;

« Considerey que Guiot son fils et Jehannote sa femme sont
de si perverse vie et malvaise voluntey qu'il ne puest demorer
avec eulx, pourceque plusieurs fois il l'ont viloiney et encor
font et ne le vuillent secourre en ses nécessitez, mais li gastent
le suen de jour en jour, et par espécial que lidiz Guiot l'ay
batu, feru et fait sanc, pourquoy il ne doit ne puet demorer
avec eulx : por lesdites causes qui le muevent à faire ce, mesmement considerey les biens que ses parens et cosins Jehans Pois-
senoz de Dijon, clers, et Hugote sa femme li ont fait et font de
jour en jour, et que lidiz mariez (c'est assavoir ladite Hugote,
de l'autoritey de son mary) li ont promis et sont tenuz de li ge-

[1] Ces derniers mots ne se rattachent pas à la précédente incise ; le sens
est que le père désire être relevé de la sentence d'excommunication et re-
prendre sa qualité de chrétien.

tier de toutes sentences d'excommuniement à lour despans et li
acquitter envers ses créanciers quelxconques, et sunt tenuz et
ont promis de li administrer par tout le cours de sa vie selon
son estat et le lour, et le doivent tenir en lour hostel et li bailler
une lour maison assise à Dijon ou grant Bourc delez lour grant
maison pour sa demorance, et une chamberière avec li, et pour
son vivre et de ladite chamberière, chascun an, tant qu'il demorera fuers d'avec lesdis mariez, il li bailleront III amines de
froment, II meux de vin blanc et I meu de vin vermoil, bon et
suffisans à la mesure de Dijon, et dix frans d'our pour faire ses
nécessitey à sa volonté, et pour faire son testament dix frans, et
feront et paieront tout le fait de son obit selon son estat et toutes
funérailles.

« Pour les causes avant dites, lidiz Villemoz, de certaine
science, se met de maintenant ou gouvernement, en la advo-
herie desdiz mariez, et promet demorer avec eulx ou aultre part,
par la manière que dit est, pour tout le cours de sa vie et de tout
son pouhoir faire lour proffit, etc.

« En récompensacion des biens qu'il hont fay et ont promis
de faire, comme dit est, et en acquit de plusieurs choses en-
quelles je suiz tenuz esdis mariez, tant en lettres comme deffuers,
je donne, cède et transporte esdis mariez perpétuellement généralment touz mes biens, tant mobles comme héritaiges quelque part qu'il soient, desquelx il se desvet pour li et ses hours,
en revest, etc., transporte, etc., consent, etc., et vuelt que
lidis mariez prennent la possession de lor autoritey, et de maintenant s'en constitue possessour en nom et por lesdiz mariez et
par nom de précaire, jusques à tant qu'il en aient la possession,
promettent lesdiz héritaiges garder ; oblige, etc. Renunçant à
la exception de sanz cause, de moindre ou juste cause, et au
droit qui dit que, en pactions et conventions de privées personnes un homs ne puet enfraindre sa libertey, à l'exception
qui compète à celi..., est decehuz de la mitief ; à la loy qui dit,

par cause des enfans qui sunt nez aprez donation, l'on peut révoquer icelle; et à toutes autres, etc. [1]. »

Quelquefois, avant de prendre à sa charge son ascendant et de recevoir à titre de donation tous ses biens, l'enfant chez lequel cet ascendant choisissait sa résidence mettait ses frères et sœurs en demeure de le recueillir aux mêmes conditions. Il évitait ainsi qu'on critiquât plus tard la donation.

« L'an mil quatre cens et dix huit, le XIIIe jour du mois de janvier, environ une heure après midi dudit jour, en la ville de Dijon, devant l'ostel et domicile de Joffroy Pechinot Perrier, estant en ladite ville de Dijon, en la rue des Grant-Champs, ouquel lieu estoient ledit Joffroy, Odote sa femme, fille de feu Nicolas Pansote de Roiffey, Jehan Pansote, dudit Roiffey, fils de feu Vienot Pansote, jadis fils dudit Nicolas, en la présence de moy, Guienot Girardot, de Maxilley-sur-Saône, clerc, demorant à Dijon, coadjuteur de Philippe Mugnier dit *Jossequin*, tabellion dudit Dijon pour mondit seigneur le duc de Bourgoingne, et des tesmoings cy-après escripts, fut dit aux dessus nommez Jehannote et Jehan, par Nicolas le Brenotet d'Estevaulx, demorant audit Roiffey, et par Ysebellot sa femme, fille dudit Nicolas Pansote, les paroles ou semblables en effet et sustance qui s'ensuivent :

« Joffroy, Odote, et Jehan, nous Nicolas le Bernotet et Yse-
« beol venons par devers vous en vous disant que Nicolas Pan-
« sote de Roiffey, père de vous, Odote, et grant père de vous,
« Jehan Pansote, est au lit malaide, en l'ostel de moy ledis Ni-
« colas le Brenotet, estant audit Roiffey dès le jour de l'Assump-
« tion Nostre Dame darr. passé, et encour est tellement que les
« piez ne povent pourter le corps, et est en très-grant languor, et
« le fault mettre de lit en aultre, et de linceulx en autres à très-
« grant poine ; et ainsi l'avons tenuz et encoires tenons à nos

---

[1] *Protoc. de G. Symonet de Blaisy* (n° 47).

« missions et despens, laquelle chose nous ne pouvons plus
« faire, comme nous lui avons dit, sinon qui se mecte ou gou-
« vernement et avouherie de nous, en nous cédant et en nous
« transportant tous ses biens, tant meuble comme héritaiges,
« pour en faire nostre bon plaisir ;

« Lequel Nicolas Pansote nous a respondu qui en estoit tout
« prest et encoure est toutes et quantes fois qu'ilz nous plara ;

« Et pour ce que de ce nous ne vuillons aucune chose faire
« sans premier en parler à vous et de vostre consentement, et
« pour ce dites nous présentement se vous en vuillez prandre
« cerge, ou se vous vuillez que nous len prenions par la manière
« que dit est. »

« Lesquelx Odote et Jehan Pansote respondirent, mesmement
ladite Odote du consentement et volenté dudit Joffroy son mary,
en la présence de moy ledit Guiot, ce qu'il s'ensuit en effet et
sustance :

« Nicolas le Brenotet et Ysebeal, nous vous respondons et
« disons que aucunement nous ne vuillons en nous prandre ne
« avoir la charge du gouvernement des corps et biens dudit
« Nicolas Pansote, mais nous consentons et vuillons dès main-
« tenant que vous en prenez et aiez la charge et le gouverne-
« ment, sy vous plait, et qu'il se mette en vostre avouherie et
« gouvernement sy luy plait, en vous transpourtant tous ses
« biens, sans jamais par nous en iceulx biens aucune chose
« demander chaloingier ne reclamer ne venir ou contraire de
« tout son exploit, por noz ou por les aiens cause de nous.

« De et sur lesquelles choses, etc.[1]. »

La convention est ensuite passée entre le père, sa fille et son
gendre, par acte du 21 janvier 1418.

« Nicolas Panceote, de Roiffey, demorant audit lieu, fleble

[1] *Protoc. de Girardot de Marcilly* (n° 141, B. 11, 331), f° 155. Les localités
désignées sont : Ruffey (canton-est de Dijon) ; Etevaux, canton de Pontailler (même arrondissement).

et anciens home, et estant ès chartres Monseigneur, dès la my-
aoust darrènement passey, et tellement malaide qu'il n'est en
sa puissance de povoir gouverner ne garder son corps ne ses
biens, et pour ce, confiant des bons sens, léaulté, prudomie et
bonne diligence de Nicolas le Brenotet d'Estevaulx, demorant
audit Roiffey, et de Ysabellot, sa femme, fille dudit Nicolas,
dès maintenant se mest au gouvernement, advoubcrie et administration d'eulx et d'un chascun d'eulx, lesquelx, depuis ledit
temps de la my-aoust l'ont tenu et gouverné jusques à présent,
lequel ils tiendront et visiteront, ou feront tenir et visiter avec
eulx en leur hostel, en lui administrant vivre de bouche, vesture,
chaussure de chausses, de souliers, et de toutes autres choses à
lui appartenant selon son estat, faire le fait de son obit, enterrement et funérailles selon sondit estat, quant le cas y adviendra, et paier tous ses debs ;

« Pour ce, dès maintenant lidis Nicolas leur transporte et
baille tous ses biens, tant mobles, debtes, héritaiges, comme
autres quelconque part qui seront trouvés, situés et nommés,
senz riens retenir ou réserver à lui, excepté dix sols pour faire
son plaisi quant bon li samblera pour une fois, et iceulx puis-
sient prandre, attoichier, requérir et demander en jugement et
dehors où il appartiendra, et en faire ce que bon leur semblera
comme de leur propre chose ; et pour la déclaration de ses héritaiges pour la plus grant partie, en déclare ceux qui s'ensuivent, etc...[1]. »

Il pouvait arriver d'ailleurs que le fils qui avait pris ses parents en avouerie résiliât la convention précédemment passée
avec ces derniers, soit qu'elle eût été critiquée par un de ses
frères, soit par tout autre motif. Une résiliation de cette nature
résulte d'un acte du mois d'octobre 1385, par lequel un fils renonce, au profit de son frère, aux avantages qu'il avait reçus

---

[1] *Protoc. de Girardot de Marcilly,* f⁰ 150.

de ses père et mère et à l'avouerie dont il avait été investi.

Après avoir rappelé leur précédent traité, les parties déclarent :

« ..... Ainsi est que lesdis mariés d'une part, ledit Jehan, d'autre, et Jehannot leur filz, frère dudit Jehan, d'autre, font entre eulx les convenances, partaiges et choses qui s'ensuiguent : c'est assavoir que lidis Jehan renunce, de la volenté et consentement d'iceulx Thomas et Clémence, en la main dudit Jehannot son frère, présent, stipulant, etc., tout le fait et convenances escriptes es dittes premières lettres de l'avouherie, parmi ce auxi que les biens d'iceulx père et mère sont et demourent audit Jehannot perpétuelment par la manière que obligié est auxdites lettres, sauf et réservé audit Jehan une pièce de vigne, etc..., item un quartier de terre, etc. Parmy ce que il renunce à touz drois qu'il a et pourra avoir en la succession desdis père et mère et auxi en tous biens communs entre eulx et entre ledit Jehannot son frère et à tous autres biens acquis et à acquérir, etc... [1]. »

L'acte suivant constate une convention passée entre une sœur et son beau-frère, auquel elle abandonne tous ses biens et qui la prend en avouerie.

« Anno Dom. m.ccclviii°, viii[a] die mensis novembris, ego Mariona, filia quondam Johannis Loysel, de Sancto Sequano, de laude et auctoritate Jehannote, matris mee, et Theobaldi, fratris mei, perpetuo pono me et omnia bona mea in avoheriâ et gubernatione Belini Symoneti, mariti Odete, sororis mee, ita quod ex pacto dictus Belinus tenetur me tenere ad vitam meam et administrare mihi necessaria, secundum statum [2]. »

Cet acte présente ceci de remarquable, que la personne qui se dispose à demeurer avec son beau-frère et sa sœur demande

---

[1] *Protoc. d'Aub. de Saulxurettes* (n° 82, B. 11, 301), f° 74.

[2] *Protoc. de Guill. Boivin* (n° 23, B. 11, 252). Il existe plusieurs localités du nom de Saint-Seine dans l'arrondissement de Dijon.

l'assentiment non-seulement de sa mère, mais encore de son frère.

Les faits qui résultent du traité suivant sont beaucoup plus complexes et semblent devoir se résumer ainsi : Beline, fille de Philibert de la Perrière, s'était d'abord placée sous l'avouerie d'un nommé Belenot Parisot : celui-ci étant mort, elle avait continué de demeurer avec la veuve et ses enfants, et leur avait fait l'abandon de sa fortune mobilière et immobilière. Depuis lors, elle avait vendu avec leur consentement et pour ses besoins quelques-unes de ses propriétés. En dernier lieu, elle s'était séparée de cette famille pour se placer chez deux de ses parents, mariés; et alors, par un nouvel acte, elle donne décharge, à ceux qu'elle vient de quitter, de l'administration de ses biens pour le passé, et ceux-ci donnent leur adhésion aux nouveaux arrangements pris par Beline avec ses parents.

« Anno Domini mᵒcccᵒlixᵒ, xiiiᵃ die maii, ego Belina, filia quondam Philiberti de Perreriâ, stans ad presens in avoheriâ et gubernatione dicti (?) Phelebartot et Mariete, ejus uxoris, dicti loci, de laude et auctoritate dictorum conjugum, parentum meorum, notum facio universis quod, cum ego exstiterim per longum tempus in avoheriâ et gubernatione dicti (?) Belenot Pariseti, et post decessum dicti Beleneti, in avoheriâ et gubernatione Johannete, relicte dicti Beleneti, et Guilelmi, filii dictorum Beleneti et Johannete, et quod, per pactiones factas inter me et dictos Johannetam et Guillelmum, ego per totam vitam meam debuerim remanere cum eis, tradendo et pro traditione omnium bonorum meorum mobilium et heretagium (*sic*) quorum que, existentium in villâ et finagio de Perreriâ, prout in litteris sigillo curie domini ducis Burg. super hoc confectis, plenius continetur, de quibus rebus et hereditagiis per voluntatem et necessitatem meam plura sunt et fuerunt alienata perpetuo, de laude predictorum, quitto perpetuo dictos Johannetam et Guillelmum de predictis et de fructibus et pro-

ventibus duorum jornalium terræ que tenuerunt dicti Johann. et
Guill., tam cum dicto Belino et ad ipsius vitam quam per tempus
transactum usque ad diem confectionis presentium litterarum.

« Item dicti Joh. et Guill. dictos Belinam, Philibertot et Ma-
riam supradictos de omnibus rebus, pactionibus inter ipsos
factis et habitis, tam in litteris quam extra litteras à toto tempore retroacto usque ad diem confectionis present. litterar., etc.
Presentibus domino Petro Pygores, presbitero, Guill. de Mon-
morot, armigero, Henr. de Sancto Symphor., et Johanne
Broisain, clerico, testibus[1]. »

On rencontre d'ailleurs des exemples de conventions semblables passées entre personnes qui n'ont entre elles aucun lien
de parenté ; je me contenterai de citer le suivant :

« Nichola, relicta Radulphi, dicti Cuer d'Our, de Fontaines,
confitetur quod pro eo quod Jobeletus, filius quondam Hugonis Mauldamey, de Stabulis, apud Font. commorans, et
Juhanneta ejus uxor debent et tenentur dictam Nicholam
secum tenere et eidem administrare victum oris, vestitum,
calciaturam et omnia alia vite sue necessaria secundum statum suum, sana et infirma, per cursum sue vite, bene et fideliter ; dicta Nichola vult et concedit quod dicti conjuges teneant
et possideant omnia bona sua, tam mobilia quam immobilia,
per cursum sue vite, et post decessum dicte N., dicta bona par-
tientur et dividentur inter heredes suos.

« Item est actum quod si dicti conjuges aut alter ipsorum
deciderent ante dictam N., ipsa importabit omnia sua bona,
tam mobilia quam hereditagia, et etiam vi flor. flor. super
bonis dictorum conjugum, ratione duorum modiorum et xii
sexteriar. vini, quod vinum dicti conjuges ab ipsa nunc habuerunt et receperunt ; promitt., etc.

---

[1] *Protoc. de Guill. Boivin et autres* (n° 23, B. 11, 252), f° 61. La Perrière,
canton de Saint-Jean de Losne, arrondissement de Beaune (Côte-d'Or).

8

« Die dominicâ ante Purif. beate Marie[1]. »

L'acte suivant, en date du mois de janvier 1396 (v. st.), a pour objet une véritable démission de biens, et diffère des traités qui précèdent en ce que le donateur ne confie pas sa personne au donataire et conserve un domicile distinct. Il présente plusieurs particularités remarquables et témoigne notamment des malversations auxquelles les mineurs étaient exposés. Le donateur est un oncle qui reconnaît avoir frustré son neveu de la succession de ses ascendants maternels, et qui déclare vouloir réparer le préjudice ainsi causé. Le neveu prend l'engagement de subvenir à tous les besoins de la maison de ce vieillard, qui paraît avoir conservé une large aisance et se réserve la faculté de disposer par testament de 400 francs d'or.

« Pierre Clerembaut, autrement dit Baudot, de Dijon, d'une part, et Jehan Chapuis, *alias* Baudot, son nepveu, dudit lieu de Dijon, d'autre part, font entre eulx pactions et convenances, estans en bonne santé et prospérité corporelle, de leurs certaines sciences et en la manière qui s'ensuit : c'est assavoir que ledit Pierre, aiens considération et regart ad ce que, après le décès et trespassement de feu Hugue Clerembaut, dit *le Barbier*, et de Clémence, sa femme, ses père et mère que Dieu absoille, il ait eu et receu de leurs successions pluseurs et grans quantitez de biens tant meubles comme héritaiges, lesquels il a tenuz et possidez, vendus, eschangiez et aliénez, et les fruix desdis héritaiges fais siens, sans ce que il en ait baillié ne délivré aucune part ni portion audit Jehan, son nepveu, qui après le trespassement dudit père d'icellui Pierre estoit moindre d'aaige, auquel Jehan appartenoit la moitié desdis biens à cause de la succession de feu Catherine, sa mère, qui fut suer germaine dudit Pierre, fille légitime et naturelle desdis deffunts Hugue et Clémence, de laquelle ledit Je-

[1] Acte du 1er février 1349 (v. st.). *Protoc. de Domin Curtiler* (no 19, B. 11, 250), fo 79.

han est hoir seul et pour le tout, dont ledit Pierre tient sa conscience estre chargié, s'il ne pourveoit de remède récompensable;

« Il, non vueillans de ce sa conscience estre ne demeurer chargiée ne empeschiée, en récompensacion de ce, et auxi pour contemplacion des bons et aggréables services et amistiez à lui faiz par ledit Jehan, son nepveu, et mesmement que pour son grant aaige il ne porroit plus soustenir la poine du gouvernement de ses biens et besongnes, etc., etc. » (Suit la donation.)

« Parmi ce toute voies que ledit Jehan est et sera tenu de baillier et administrer audit Pierre, son oncle, toutes ses nécessitez de son corps et de son estat pour lui et pour ses maignies et serviteurs en l'ostel où il demoure à présent ou ailleurs, là où mies li plaira en la ville de Dijon, selon son estat, tel et en la manière quil l'a acoustumé tenir et avoir; et avec ce, sera ledit Jehan tenu paier et adcomplir son testament, ordonnance ou dernière volenté, tel comme il li plaira faire jusques à la valeur de quatre cens frans d'or, etc...[1]. »

Enfin, on peut rapprocher de ces traités les conventions par lesquelles un particulier abandonne ses biens à une communauté religieuse, et s'engage à son service à certaines conditions pour le reste de ses jours.

« Garnier Droigeux, filz de feu Halot Droigeux, d'Anserville, en la diocèse de Chaalons, en Champaigne, pour la grant affection que il ha à son ordre des frères mineurs, vent et donne lui et tous se biens à Dieu et à saint François et aux frères mineurs de son ordre, gardien et couvent de Dijon présens et advenir, meubles et non meubles quelconques, pour les servir et obéir aux prélas de ladite maison, en toutes choses licites et honnestes, garder leur profit et honneur temporel et espirituel, etc., pour tout le temps de sa vie, parmi ce que lesdis frère gardien et couvent li doivent bailler et administrer en leur dite maison

---

[1] *Protoc. de Aleaume de Clenleu* (n° 96, B. 11, 269), f° 7i.

ses despens de bouche et toutes choses ad ce nécessaires, tant en santé comme en maladie durant sadite vie bien et convenablement selon son estat.

« Et pour cause de salaire, lesdis frères li donront chascun an III frans d'or pour ses nécessitez, à paier par moitié à la este de la Nativité saint Jehan B. et à la feste de Noël, etc... Et avec ce lesdis frères seront tenuz et promettent célébrer chascun an, tant comme il vivra, une messe conventuelle pour le salut de son ame et à sa intencion.

« Et est assavoir qu'il ne sera point tenuz aler avec les frères en leur queste pour porter le vin que on leur donnera en vendange ; et ce tant seulement il excepte de sondit service, etc... [1].»

Un acte analogue du mois de février suivant fut passé par un mari et sa femme au profit de la Chartreuse de Dijon.

La prodigalité d'un enfant, la faiblesse de corps ou d'esprit d'un ascendant pouvaient déterminer les membres de la famille à provoquer des magistrats une décision qui les plaçât sous la curatelle d'un parent, spécialement chargé de l'administration de la personne et des biens, en même temps qu'elle les frappait d'incapacité pour l'avenir. C'était une sorte d'interdiction.

L'acte suivant est des plus complets et concerne deux jeunes gens :

« A tous ceux qui verront et orront ces présentes lettres, Guill. de Clugny, chevalier, licenchié en lois, bailli de Dijon, salut :

« Saichent tuit que, l'an de Nostre-Seigneur courant, mil trois cent quatre-vingt et deux, le jour du macredi avant la feste Saint-Laurent, venerent à Dijon en jugement par devant nous, en complaignant pluseurs des parens et amis charnelx de Oudot et Villemot, frères, enfans de feu Thevenin Paingnot, autre-

<hr/>

[1] Acte du 27 décembre 1393, extrait du *Protoc. du notaire Alcaume de Clenleu* (n° 96, B. 11, 289), f° 16.

ment dit le Petit-Maistre coutelier, demorant à Dijon, du
corps de Mabille sa femme, naguères trespassée, disans que
nonobstant lidis Oudot et Villemot fussent suffisamment aagiez
de aaige, toutevoies estoient iceulx frères jusnes de sens et de
conditions pour eulx gouverner et leurs biens ; et estoient de tel
et si petit gouvernement et prodigalité, que chascun jour ils
aliénoient leurs héritaiges et gastoient et décipoient leurs biens,
poursuigoient joueurs de dez, tavernes et aultres malvaises
compaingnies jour et nuit, et pour lesquelles choses lesdiz
frères pourroient cheoir en mendicité ou en aultre deffeiti
gouvernement dont il pouvroient perdre tant peu de chevance
comme il ont, et leur corps survenir en péril de mendicité et de
perdicion, se sur ce n'estoient pourvehu de brief remede, requé-
rant à grand instance à nous comme à juge ordinaire sur ce leur
pourveoir et faire juridiscion aux dit frères de leurs dis biens
vendre ou aliéner, jusques il soient en sens parfait et naturel
et estat suffisant de eulx et leurs dis biens gouverner par
la manière que bons et léaul homme de bon gouvernement et
licite se doit maintenir et gouverner, et pourveoir de curateur ausdis biens affin qu'il ne soient gastez ou décipez, et faire
deffence judicialement en nostre jugement ordinaire à touz que
aucuns desdis biens desdis frères ne achetent ou acquièrent
par quelque voie que ce soit se n'est de notre science ou d'autre
juge à qui il devra appartenir ;

« Pourquoy nous inclinans à leur requeste, comme juste et
justement fondée, selon raison et la coustume de Bourgoingne,
avons fait aujourdui judicialment venir sur ce par devant nous
plusieurs tesmoins dont nous avons prins les sermens de
vérité dire ; par lesquelx nous avons trouvey iceuls frères estre
de tel et si petit gouvernement que, se briefvement n'est pourveu à la garde de leur chevance, briefement ils seront deshé-
ritez et que, (par) malvais gouvernement et poursuites de
malvaises et illicites compaignies, ils ont jeà dégasté et dé-

cipé sans cause très grant partie de leurs dis biens, etc... »

L'acte constate la comparution des deux frères devant le bailli et leur adhésion, la défense faite par le magistrat à toutes personnes de leur acheter leurs héritages, avec les publications nécessaires. Il se termine par la nomination du curateur ; j'extrais de cette formule les termes les plus essentiels :

«.... Et pour garder et gouverner leurs dis biens et héritaiges, pour ces causes et à la requeste que dessus, et mesmement du consentement desdis frères, nous avons fait, donné et esleu, faisons donnons et es lisons par ces présentes en curateur et gouverneur es dis biens mess. Henry de Villeberny, prestre, demorant à Dijon...

« Et duquel curateur nous avons pris et receu le serment aux sains Évangiles de Dieu de bien et léaulment exécuter ledit fait de ladite cure, garder et maintenir ledit profit et droit desdis frères selon la teneur desdites, etc... [1]. »

La pièce suivante a pour objet la nomination d'un curateur à un vieillard infirme.

« A touz ceulx qui verront et orront ces présentes lettres, nous, Josset de Halle, maieur de la ville et commune de Dijon, salut : Jehan Mercier, fils Villemot Mercier, de Dijon, est venus par devers nous en compleignant et nous a donné à entendre que, comme son dit père, [par] accidant qui lui est survenu, soit en tel estat que du tout il a perdu sa mémoire, s'y est par telle manière que, parmy le petit et cheiif gouvernement qui est en luy, il perdera du tout sa chevance et la chevance de ses enfens, et jà en a perdue la plus grant partie, et est encor en

---

[1] Cet acte est rapporté à la suite d'un traité par lequel Villemot Paignot cède à un tiers une rente de 13 francs avec l'assistance de son curateur. Ce traité, en date du 11 février 1384 (v. st.), est passé en présence du lieutenant de la chancellerie et du bailli de Dijon, lesquels constatent, au rapport du curateur, que cette vente était nécessaire et profitable. *Protoc. de Guill. Girard* (n° 78, B. 11, 286), f° 182.

voie de perdre tout le demeurant et gaster, se par nous comme juge ordinaire de la dite ville ny estoit pourveu de remède convenable, c'est assavoir de ordonner et establir aucune personne suffisant et ydoine, pour estre curateur et gouverneur du corps et des biens d'icellui Villemot, requerans à nous en suppliant que, comme ledit Villemot soit en tel estat comme dit est, nous vuillessiens pourveoir d'aucune bonne personne suffisante et ydonnée pour estre descerney et déclairé curateur dudit Villemot, pour avoir la cure et gouvernement du corps dudit Villemot et de ses biens, comme dit est, mesmement, comme drois et coustume veuillent que toutes personnes qui ne sauront gouverner lour ne lour biens sont et deyvent estre en la bonne provision et garde de toux bons juges soubs lesquelx il demeurent. Et nous, oye la supplication et requeste dudit Jehan Mercier, nous sommes informés bien et diligemment de l'estat et gouvernement dudit Villemot, avons trouvé par nostre informacion son dit gouvernement estre tel comme dessus est dit, et aussi est chose notoire et commune par ladite ville de Dijon, avons fait appeller par devant nous..., etc. (Suivent les noms de vingt-neuf parents ou amis de la partie intéressée et l'assignation de ces témoins au samedi après l'Assomption.)

«..... Cellui jour auxi, du consentement et volontey dudit Jehan Mercier, avons décerney et déclairié, par ces présentes discernons et déclairons, ordonnons et..... maistre Andrier de Rolampont, demeurant à Dijon, comme personne suffisant et ydonée estre curateur dudit Villemot et de ses biens ; avons baillé et délivrez audit M. Andrier, etc..., puissance de nostre office, en tant comme faire le povons, de gouverner ses biens et héritages, etc... et faire tout ce que bons et loiaulx curateurs puet et doit faire parmy salaire compétent et raisonnable ;

« Duquel maistre Andrier nous avons receu le seremant pour ce donney sur sains Évangiles de Dieu, que bien et loiaulment, au mieux que il pourra, le corps et les biens dudit

Villemot il gardera et gouvernera, son proffit fera, gouvernera et procurera et son dommaige eschivera, et des biens dudit Villemot qui par bénéfice de inventoire li seront bailliés et délivrez bon et loiaul compte il en rendra là où il appartendra.

« En tesmoin de laquel chose nous avons fait mettre le scel aux causes de la cour de ladite mairie à ces présentes lettres faites et données en jugement le samedi dessus dict, l'an de grâce mil trois cent quatre vingt et trois [1]. »

Il importe de remarquer dans cette pièce la mention qui est faite du salaire dû au curateur, et de la coutume générale suivant laquelle les incapables étaient sous la protection des magistrats.

Les femmes veuves spécialement avaient besoin d'être pourvues d'un curateur, lorsqu'elles avaient des intérêts considérables à défendre contre de dangereux adversaires. Quelquefois même ce curateur, quelque élevée que fût sa position, devait recourir à un auxiliaire plus puissant encore et l'intéresser, s'il était nécessaire, au succès d'un litige. C'est ce qui résulte d'un acte du 22 mars 1384 (v. st.), où l'on voit que Henri de Chalon, curateur de Béatrix de Chalon, sa tante, avait réclamé l'intervention de Gui de La Trémouille pour assurer le recouvrement du douaire que celle-ci poursuivait contre le sire de Beaujeu, neveu de son mari prédécédé. Il est probable qu'il fallut recourir à la force pour amener le débiteur à composition. Gui de La Trémouille reçut 3 500 livres à titre d'indemnité, équivalant peut-être à 60 000 francs d'aujourd'hui.

« Noble et puissant seigneur Mons. Henry de Chalon, chevalier, sire d'Arguel et de Cuisel [2], curateur et en nom de curateur de noble et puissante dame, Madame Bietrix de Chalon, dame de Beaujeu, sa tante [3], confesse que, comme jà piéça

---

[1] *Protoc. de Guill. Girard* (n° 78, B. 11, 286), f° 347, v°.

[2,3] Il s'agit ici de Henri de Chalon, second fils de Louis et de Margue-

ladite madame de Biatrix eut à faire pluseurs choses envers
Mons. de Beaujeu, hoir de feu Mons. Anthoine de Beaujeu, jadis
mari de ladite Mad. Bietrix [1], et à icellui seigneur à présent
dudit Beaujeu demandast en douaire, à cause dudit feu M. Anthoine jadis son mari, ensemble plusieurs arréraiges d'icellui
douhaires et autres debtes, lesquelles choses elle ne pohoit
avoir ne partie d'icelles, pour le reffus dudit seigneur de Beaujeu ; et pour ce et afin que ladite dame Bietrix en eust aucune
chose, et aussi pour ce que il failloit mettre grans missions en
la porsuite d'icelles choses, eust été requis de la part de ladite
dame à Mons. Guy, seigneur de la Trémoille, de Sully et de
Craon [2], qu'il voloit poursuigre lesdites choses encontre ledit
seigneur de Beaujeu et y mettre poine et diligence, afin que
ladite dame puest avoir ses diz douhaire arreirages et debtes ou
partie d'iceulx ;

« Et por les poines et diligences que icellui Mons. de la Trémoille y mestroit, ladite Madame Bietrix eust et ait donné et
oltroyé au dessus dit Mons. de la Trémoille pour ses dites poines
et diligences, la moitié de tout ce que il porroit faire avoir
desdiz debtes et arreirages ;

« Et avec ce, li eust promis à reffundre les missions qu'il y
mettroit et faire pluseurs autres biens ;

« Et depuis ces choses, ledit Mons. Guy de la Trémoille ait
tant poursieugu à grans frais et grosses missions ledit Mons. de
Beaujeu que icellui sire de Beaujeu a accordé audit Mons. de la

rite de Vienne, qui mourut sans enfants à la bataille de Nicopolis, le
28 septembre 1396. Sa tante Béatrix était fille de Jean III de Chalon et
de Marguerite de Mello.

[1] Antoine de Beaujeu, fils d'Edouard Ier et de Marie du Til, né en 1343,
mort sans enfants en 1374. Son héritier, dont il s'agit dans le texte, est sans
doute Edouard, seigneur de Perreux, son neveu, fils de Guichard de Beaujeu et de Marguerite de Poitiers.

[2] Guy VI, sire de La Trémouille, fils de Guy V et de Radegonde Guenand,
marié à Marie, dame de Sully, mourut en 1398.

Trémoille paier lesdis arréraiges, debtes et dépens pour et en nom de ladite Madame Bietrix, à la somme de sept mille livres, qui valent vii mille francs d'or, à paier à certains termes, et auxi ait accordé que icelle Madame Bietrix aura son douaire en et de la ville de Belleville-sur-Sâone, et pour icellui douaire ait été baillié et délivré à icelle Madame Bietrix ou à ses gens ou procureurs pour elle ladite ville de Belleville, ensemble tous les drois, profis et émolumens d'icelle et de pluseurs lieux à l'environ, comme ces choses peüvent apparoir et sont contenues plus à plain en certaines lettres faites sur ledit accort ; et lequel accort ait esté fait pour le proffit évident de ladite Madame Bietrix et du consentement dudit M. Heury, son nepveu, et de plusieurs autres parents et amis d'icelle... [1]. »

Il paraît résulter d'un texte du mois de juin 1386 que la partie pouvait demander à être affranchie de la curatelle sous laquelle elle avait été placée : l'extrait suivant renferme à cet égard quelques énonciations intéressantes :

« Jacot Berthier, peleçonnier, demorant à Dijon, et D., femme de feu Villemot, de Paris, jadis demorant à Dijon, femme de son droit, (traduction littérale des mots : *mulier sui juris*) et estant en sa puissance, combien qu'elle fust eu par aucun temps en puissance de curateur, dont elle a esté ostée par auctorité de juge ordinaire et compétent, si comme elle affirme par son serment, avec la relacion dudit Jacot et Regnaul Richar de Dijon, affirmant auxi par leur serment avoir esté présens en jugement, quand elle fut mise hors de puissance de cure, etc... [2]. »

Rien ne s'opposait à ce que l'on nommât un curateur aux

---

[1] L'acte se termine par un pouvoir donné à Guy de La Trémouille à l'effet de poursuivre directement le payement des 3 500 livres qui lui ont été cédées. *Protoc. de Alcaume de Clenleu* (n° 96, B 11, 289), f° 34.

[2] *Protoc. de Guill. Girard* (n° 78), f° 225.

biens vacants d'une personne décédée, lorsque ses successibles n'étaient pas connus ou qu'ils appréhendaient de faire acte d'héritier. C'est ce qui résulte du texte suivant :

« Jehan de M., curateur donné es biens vacans de feu Emonin le grenetier, de Saulx, comme il appert par les lettres d'icelle cure signées du seel es causes du bailli de Dijon, desquelles la copie est encorporée à ces présentes..., confesse avoir recehu de noble homme Raoul Saulvegrain, escuyer, sur les biens mobles que lidit Raoul a dudit Esmonin la somme de cinquante francs d'or, etc., pour mettre et convertir au proffit deladite cure... [1]. »

---

[1] Acte du mois de juin 1393. *Protoc.* (n° 91, B. 11, 316).

TABLE DES MATIÈRES

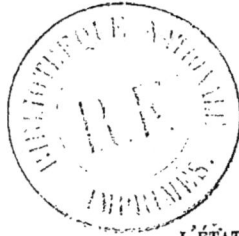

Paris. — Typographie A. Hennuyer, rue du Boulevard, 7.

PARIS. — TYPOGRAPHIE A. HENNUYER, RUE DU BOULEVARD, 7.